GEORGE S. CLASON

L'home més ric
de Babilònia

Com assolir l'èxit i resoldre
els teus problemes financers

EDICIONES OBELISCO

Pots consultar el nostre catàleg a www.edicionesobelisco.com

Col·lecció «Éxito»
L'HOME MÉS RIC DE BABILÒNIA
George S. Clason

1a edició: gener de 2026

Títol original: *The Richest Man in Babylon*

Traducció: *Ediciones Obelisco*
Correcció: *Júlia Canovas*
Diseny de coberta: *Ediciones Obelisco*

© 2026, Ediciones Obelisco, S. L.
(Reservats els drets per a la llengua catalana)

Edita: Ediciones Obelisco, S. L.
Collita, 23-25. Pol. Ind. Molí de la Bastida
08191 Rubí - Barcelona - España
Tel. 93 309 85 25
A/e: info@edicionesobelisco.com

ISBN: 978-84-1172-372-5
DL B 23307-2025

Printed in Spain

Imprès per Romanyà/Valls S. A.
Verdaguer, 1 - 08786 Capellades (Barcelona)

Davant teu s'estén el futur com un camí que duu molt lluny. Al llarg del camí trobaràs les ambicions que vols assolir i els desitjos que pretens satisfer.

Per fer realitat els desitjos i ambicions, has de triomfar en l'àmbit financer i, per aconseguir-ho, cal aplicar els principis fonamentals clarament exposats a les pàgines del llibre. Deixa que aquests principis et guiïn més enllà de les dificultats que comporta la pobresa i et condueixin cap a una vida feliç i plena, fruit d'una bossa ben proveïda.

Aquests principis són universals i immutables, com la llei de la gravetat. Et poden mostrar, tal com a molts d'altres abans que a tu, la manera d'omplir la bossa, augmentar el compte bancari i assegurar-te un èxit econòmic notable.

Els diners abundaran per a aquells que comprenguin les senzilles regles de l'adquisició de riquesa:

1. Comença omplint la teva bossa.
2. Controla les despeses.
3. Fes que els diners et donin fruits.
4. Impedeix que es perdin els teus tresors.
5. Fes que les teves propietats siguin una inversió rendible.
6. Assegura't ingressos per al futur.
7. Augmenta la pròpia habilitat en l'adquisició de béns.

Pròleg

La nostra prosperitat com a nació depèn de la prosperitat financera de cadascun de nosaltres com a individus. Aquest llibre tracta de l'èxit personal de cada persona. L'èxit significa produir uns assoliments que són fruit dels propis esforços i habilitats. Una bona preparació és la clau de l'èxit. Les nostres accions no poden ser més sàvies que els nostres pensaments, i els actes propis i la manera de pensar no poden ser més savis que la nostra comprensió.

Aquest llibre de remeis per a les butxaques buides ha estat qualificat com una guia de comprensió financera. El seu objectiu és oferir a aquells que anhelen l'èxit econòmic una visió que els ajudi a guanyar diners, conservar-los i fer que donin fruit.

A les pàgines següents retornarem a l'antiga Babilònia, bressol de les regles bàsiques de l'economia, reconegudes encara avui i aplicades arreu del món.

L'autor desitja que el llibre et serveixi d'inspiració a tu, al nou lector, com ja ho ha estat per a molts d'altres, perquè puguis veure créixer constantment el compte bancari, perquè augmentin els teus èxits econòmics i trobis solucions als problemes financers.

L'autor aprofita l'ocasió per expressar la seva gratitud als administradors que han compartit generosament aquests relats amb amics, parents, empleats i associats. Cap suport hauria estat més convincent que el dels homes pràctics que han valorat aquestes ensenyances i han triomfat aplicant les regles proposades al llibre.

Babilònia es convertí en la ciutat més rica del món antic perquè els ciutadans eren el poble més pròsper del seu temps. Valoraven la importància dels diners i aplicaven regles sòlides per obtenir-los, conservar-los i fer-los rendir. Van aconseguir allò que tots desitgem: ingressos per al futur.

G. S. C.

Els diners són el criteri universal amb què es mesura l'èxit en la nostra societat.

Els diners ofereixen la possibilitat de gaudir de les millors coses de la vida.

Els diners abunden per a qui coneix els mitjans per obtenir-los.

Avui dia, els diners estan sotmesos a les mateixes lleis que els governaven fa sis mil anys, quan els homes pròspers passejaven pels carrers de Babilònia.

1. L'home que desitjava or

El Bansir, el fabricant de carros de la ciutat de Babilònia, se sentia molt desanimat. Assegut al mur que envoltava la seva propietat, contemplava amb tristesa la seva casa modesta i el taller, on hi havia un carro a mig acabar.

La seva dona sortia sovint a la porta, li llançava una mirada furtiva que semblava recordar-li que ja gairebé no els quedava menjar i que hauria d'estar treballant en el carro: clavant, tallant, polint-lo i pintant-lo, a més d'ajustar el cuir sobre les rodes, per tal de preparar-lo i ser lliurat al client ric, de qui cobraria.

Tanmateix, el cos gran i musculós del Bansir restava immòbil, recolzat contra la paret. La ment, lenta i carregada, donava voltes a un assumpte al qual no trobava solució. El sol càlid i tropical, tan típic de la vall de l'Eufrates, li queia al damunt sense compassió. Gotetes de suor li emperlaven el front i li relliscaven fins al pit pelut.

Darrere de casa seva s'alçaven els murs que envoltaven les terrasses del palau reial.

A poca distància, la torre pintada del temple de Bel es retallava contra el blau intens del cel. A l'ombra d'aquella majestuositat s'alçava la modesta llar del Bansir, i moltes altres encara més humils i menys cuidades que la seva.

Així era Babilònia: una barreja de sumptuositat i senzillesa, de riquesa enlluernadora i pobresa extrema, sense cap ordre dins les muralles de la ciutat.

Si s'hagués pres la molèstia de girar-se, el Bansir hauria vist com els sorollosos carros dels rics feien trontollar els comerciants amb sandàlies i obligaven els captaires descalços a apartar-se. Fins i tot els rics es veien forçats a posar els peus als desaigües per deixar pas a les llargues files d'esclaus i als portadors d'aigua que estaven al servei del rei. Cada esclau transportava una pesada pell de cabra plena d'aigua que vessava als jardins penjants.

Però el Bansir estava massa immers en els seus pensaments per sentir o prestar atenció al bullici confús de la rica ciutat. Fou el so familiar d'una lira el que el va fer sortir de l'ensomni. En girar-se va veure el rostre expressiu i somrient del seu millor amic Kobi, el músic.

—Que els déus et beneeixin amb gran generositat, bon amic –digué el Kobi a manera de salutació–. Però em sembla que ho fan tan generosament que ja no tens necessitat de treballar. Me n'alegro molt per tu! Fins i tot m'agradaria compartir la teva sort. Et prego que em facis el favor de treure't dos xéquels de la bossa (que deu estar ben plena, ja que no treballes al taller) i me'ls deixis fins que hagi acabat el banquet dels nobles d'aquesta nit. No els perdràs, te'ls tornaré.

—Si tingués dos xéquels –respongué tristament el Bansir–, no els podria deixar a ningú, ni tan sols a tu, el meu millor amic, perquè serien tota la meva fortuna. Ningú presta tota la seva fortuna, ni tan sols al seu millor amic.

—Com? –exclamà el Kobi, sorprès–. No tens ni un xéquel a la bossa i et quedes assegut al mur com una estàtua? Per què no acabes aquest carro? Com satisfàs la fam? No et reconec, amic meu. On és aquella energia tan desbordant que tenies? Et preocupa alguna cosa? T'han castigat els déus?

—Deu ser un càstig que m'han enviat els déus –va comentar el Bansir–. Tot va començar amb un somni, un somni sense sentit, en què creia ser un home afortunat. Del cinturó em penjava una bossa plena de monedes pesants. Tenia xéquels que llançava despreocupadament als captaires, monedes d'or amb què comprava objectes per a la meva dona i tot allò que desitjava per a mi. Fins i tot tenia prou or com per mirar el futur amb confiança i gastar amb llibertat. M'envaïa una meravellosa sensació de satisfacció. Si m'haguessis vist, no hauries reconegut en mi l'obrer fatigat, ni en la meva esposa la dona arrugada, sinó una dona radiant, amb el rostre ple de felicitat, somrient com als inicis del matrimoni.

—Un bell somni, sens dubte –digué el Kobi–, però com és que uns sentiments tan plaents t'han convertit en una estàtua asseguda sobre el mur?

—Per què?, perquè, en el moment de despertar-me i recordar fins a quin punt la meva bossa és buida, m'ha envaït un sentiment de rebel·lia. Parlem-ne. Com diuen els mariners, tots dos remem a la mateixa barca. De joves vam visitar els sacerdots per aprendre'n de la saviesa. En esdevenir homes, vam compartir els mateixos plaers. En l'edat adulta, sempre hem estat bons amics. Estàvem satisfets amb la nostra sort. Érem feliços de treballar llargues hores i gastar-nos amb llibertat el salari. Hem guanyat molts diners els darrers anys, però els plaers de la riquesa només els hem pogut viure en somnis. Que potser som uns beneits? Vivim a la ciutat més rica del món. Els viatgers diuen que cap altra ciutat s'hi pot comparar. Davant nostre s'estén la riquesa, però no en posseïm gens ni mica. Després d'haver passat la meitat de la vida treballant sense descans, tu, el meu millor amic, tens la bossa buida i em demanes si et puc deixar una suma tan petita com dos xéquels fins que acabi el banquet dels nobles d'aquesta nit. I què et responc jo?, et dic que aquí tens la meva bossa i que comparteixo amb tu el que conté? No. He d'admetre que la meva bossa és tan buida com la teva. Què és el que no funciona? Per què no podem aconseguir més plata i més or, més quantitat de la necessària per poder menjar i vestir-nos?

»Pensem en els nostres fills. No estan seguint el mateix camí que nosaltres? És que també ells, amb les respectives famílies, i els seus fills amb les seves pròpies, hauran de viure entre els acaparadors d'or i conformar-se a beure la mateixa llet de cabra i a alimentar-se amb el mateix brou clar?

—En tots aquests anys que hem estat amics, mai t'havia sentit parlar així –li va replicar el Kobi, intrigat.

—En tots aquests anys, mai havia pensat així. Des de l'alba fins que la foscor m'obligava a aturar-me, he treballat fent els carros més bells que pugui fabricar un home, esperant amb prou feines que un dia els déus reconeguin les meves bones obres i em concedeixin una gran prosperitat. Però mai ho han fet. Ara m'adono que mai ho faran; per això estic trist. Desitjo ser ric. Vull posseir terres i bestiar, lluir robes fines i omplir-me la bossa de diners. Per això estic disposat a treballar amb totes les meves forces, amb tota l'habilitat de les meves mans, amb tota la destresa del meu cap, però vull que els meus esforços siguin recompensats. Què ens passa? T'ho torno a preguntar: Per què no tenim una part justa de totes les coses bones i abundants que poden aconseguir aquells que posseeixen or?

—Ai, si sabés la resposta! –respongué el Kobi–. No n'estic més satisfet que tu. Tots els diners que guanyo amb la lira s'esfumen ràpidament. Sovint he de planificar i calcular perquè la meva família no passi gana. Jo també tinc a dins el desig de posseir una lira prou gran per fer ressonar la música grandiosa que em ve a la ment. Amb un instrument així podria produir una música tan suau que ni el mateix rei no hauria sentit mai res semblant.

—Tu hauries de tenir una lira així. Ningú a Babilònia podria fer-la sonar millor que tu, fer-la cantar tan dolçament que, no sols el rei, fins i tot els mateixos déus quedarien meravellats. Però com la podries aconseguir, si tu i jo som tan pobres com els esclaus del rei?

—Escolta la campana! Ja venen! —exclamà tot assenyalant una llarga columna d'homes mig nus; els portadors d'aigua que venien del riu, suant i patint per un carrer estret, caminaven en columnes de cinc, encorbats sota la pesada pell de cabra plena d'aigua.

—L'home que els guia és ben plantat —va dir el Kobi, assenyalant el que tocava la campana i caminava al capdavant sense càrrega—. Al seu país resulta fàcil trobar homes tan bells.

—Hi ha diversos rostres bells a la fila —observà el Bansir—, tan bells com els nostres: homes alts i rossos del nord, homes negres i riallers del sud, i petits i morens dels països veïns. Tots caminen junts, del riu als jardins i dels jardins al riu, cada dia de cada any. No poden esperar cap mena de felicitat. Dormen damunt la palla i mengen farinetes. Em fan pena, aquests pobres animals, Kobi!

—A mi també em fan pena —va admetre el Kobi—. Però em recorden que nosaltres no estem gaire millor que ells, encara que ens anomenem «homes lliures».

—És cert, Kobi, però no m'agrada pensar-hi. No volem continuar vivint com a esclaus any rere any. Treballar, treballar, treballar... i no arribar enlloc!

—No hauríem d'intentar esbrinar com els altres han aconseguit el seu or i fer com ells? –preguntà el Kobi.

—Potser hi ha un secret que podríem aprendre simplement, si trobem aquells que el coneixen –li respongué el Bansir, pensatiu.

—Avui mateix –va afegir el Kobi– m'he creuat amb el nostre vell amic Arkad, que passejava en el seu carro daurat. Et diré que ni tan sols m'ha mirat; una actitud que alguns dels de la seva classe creuen tenir dret a adoptar. En lloc d'això, ha fet un gest amb la mà perquè els espectadors poguessin veure com saludava i concedia el favor d'un somriure amable al Kobi, el músic.

—Sí, diuen que és l'home més ric de tota Babilònia –digué el Bansir.

—Tan ric –va respondre el Kobi– que el rei recorre al seu or per als assumptes del tresor.

—Tan ric –va comentar el Bansir– que, si me'l trobés de nit, estaria temptat de buidar-li la bossa.

—Això és absurd! –li replicà el Kobi–. La fortuna d'un home no és pas a la bossa que duu a sobre. Una bossa plena es buida amb rapidesa si no hi ha una font d'or que l'alimenti. L'Arkad té uns ingressos que li mantenen la bossa sempre plena, gasti el que gasti.

—Els ingressos, això és el que compta! –exclamà el Bansir–. Desitjo una renda que continuï alimentant-me la bossa, tant si m'estic assegut al mur de casa com si viatjo a terres llunyanes. L'Arkad deu saber com un home pot assegurar-se una renda. Creus que seria capaç d'explicar-ho a algú amb una ment tan obtusa com la meva?

—Crec que va ensenyar el saber que tenia al seu fill Nomasir –respongué el Kobi–. El fill va anar a Nínive i, segons diuen a la fonda, es convertí, sense l'ajuda del seu pare, en un dels homes més rics de la ciutat.

—Kobi, el que acabes de dir ha fet néixer en mi una idea brillant –va dir el Bansir, amb una nova lluïssor als ulls–. No costa res demanar un consell savi a un bon amic, i l'Arkad sempre ha estat un amic. És igual que les nostres bosses estiguin tan buides com el niu d'un falcó després de la cria. No ens aturem per això. No ens inquietem pel fet de no tenir or enmig de tanta abundància. Desitgem ser rics. Vine!, anem a veure l'Arkad i preguntem-li com podríem obtenir guanys per a nosaltres mateixos.

—Parles com si estiguessis posseït per una autèntica inspiració, Bansir. M'has fet veure les coses amb una nova llum. M'has fet comprendre la raó per la qual mai no hem tingut la nostra part de riquesa: mai no l'hem buscada activament. Tu has treballat amb paciència per construir els carros més sòlids de Babilònia; hi has dedicat tots els esforços i ho has aconseguit. Jo m'he esforçat a convertir-me en un músic hàbil, i també ho he aconseguit.

»En allò que ens hem proposat triomfar, hem triomfat. Els déus estaven contents de deixar-nos continuar així. Ara veiem una llum tan clara com l'alba. Ens indica que hem d'aprendre'n més per fer-nos més pròspers. Amb un nou enteniment, trobarem maneres honorables de complir els nostres desitjos.

—Anem avui mateix a veure l'Arkad –digué el Bansir–. Convidem els amics de la nostra infància, aquells que tampoc no han triomfat, perquè se'ns uneixin i comparteixin amb nosaltres aquesta saviesa.

—Ets de debò un amic considerat, Bansir. Per això tens tants amics. Ho farem tal com dius. Anem avui a buscar-los i enduguem-nos-els amb nosaltres.

2. L'home més ric de Babilònia

A l'antiga Babilònia vivia un home molt ric que es deia Arkad. La seva immensa fortuna feia que se l'admirés arreu del món. També era conegut per la seva generositat: donava diners als pobres amb mà oberta, era esplèndid amb la família i gastava molt en si mateix. Tot i això, la seva fortuna creixia cada any més del que podia arribar a gastar.

Un dia, uns amics de la infància el van anar a veure i li van dir:

—Tu, Arkad, ets més afortunat que nosaltres. T'has convertit en l'home més ric de Babilònia, mentre que nosaltres encara lluitem per sobreviure. Pots vestir les robes més fines i gaudir dels menjars més exquisits mentre nosaltres ens hem de conformar amb vestir les nostres famílies com bonament podem i alimentar-les de la millor manera possible.

»Tanmateix, en un temps vam ser iguals. Vam estudiar amb el mateix mestre. Jugàvem als mateixos jocs. No ens superaves ni en els estudis ni en les habilitats, i durant aquells anys no vas ser més bon ciutadà que nosaltres. I segons podem jutjar, tampoc no has treballat més durament ni amb més afany. Per què, doncs, la fortuna capriciosa t'ha escollit a tu per gaudir de totes les coses bones de la vida, i a nosaltres, que tenim els mateixos mèrits, ens ha ignorat?

—Si des de la joventut no heu aconseguit viure ni tan sols amb senzillesa –els va respondre Arkad–, és que us heu oblidat d'aprendre les regles que permeten accedir a la riquesa o potser no les heu sabudes aplicar.

»La Fortuna Capriciosa és una deessa traïdora que no afavoreix sempre les mateixes persones. Ben al contrari: porta a la ruïna gairebé tots els homes sobre els quals ha fet ploure or sense que hagin fet cap esforç. Fa actuar de manera desordenada els malgastadors irreflexius, que gasten tot el que guanyen, deixant-los només amb uns desitjos i uns apetits tan grans que són incapaços de saciar-los. En canvi, d'altres a qui també afavoreix es tornen avars i acumulen els béns per por de gastar-los, ja que saben que no serien capaços de recuperar-los; a més, viuen sempre amb el temor dels lladres i es condemnen a una vida buida, solitària i miserable.

»Probablement n'hi ha d'altres que saben utilitzar l'or que han guanyat sense esforç, fer-lo rendir i continuar sent homes feliços i ciutadans respectats. Però són pocs. Jo només n'he sentit parlar. Penseu en els homes que han heretat fortunes de sobte, i digueu-me si no tinc raó.

Els amics van reconèixer que les seves paraules eren certes, ja que coneixien casos d'homes que havien heretat grans béns i els havien perdut. Llavors li van demanar que els expliqués com s'havia convertit ell en un home tan pròsper.

—A la meva joventut –continuà Arkad– vaig mirar al meu voltant i vaig veure totes les bones coses que poden donar felicitat i satisfacció, llavors vaig comprendre que la riquesa augmenta el poder d'aquests béns.

»*La riquesa és poder. La riquesa fa possibles moltes coses.*

»*Permet moblar una casa amb els mobles més bells.*

»*Permet navegar per mars llunyanes.*

»*Permet tastar els plats més fins vinguts de països remots.*

»*Permet adquirir els treballs més preciosos d'orfebres i joiers.*

»*Permet, fins i tot, construir temples grandiosos dedicats als déus.*

»Permet totes aquestes coses i moltes més, que donen plaer als sentits i satisfacció a l'esperit.

»Quan vaig comprendre tot això, em vaig prometre que jo també tindria la meva part de les coses bones de la vida, que no seria un d'aquells que es mantenen al marge, mirant amb enveja com els altres gaudeixen de la fortuna. No em conformaria amb robes modestes que només fossin «dignes». No m'hauria d'acontentar amb la vida d'un home pobre. Al contrari, volia estar convidat al banquet de les bones coses.

»Com ja sabeu, jo era el fill d'un humil comerciant i membre d'una família nombrosa. No tenia cap esperança d'heretar res, ni era especialment dotat de força o saviesa, com heu dit amb franquesa. Per tant, vaig decidir que, si volia obtenir allò que desitjava, hauria de dedicar-hi temps i estudi.

»Pel que fa al temps, tots els homes en tenen en abundància. Vosaltres heu deixat passar el temps necessari per enriquir-vos, i, tanmateix, admeteu que no teniu altres béns per mostrar més enllà de les vostres bones famílies, de les quals teniu motius per estar satisfets.

»Pel que fa a l'estudi, no ens va ensenyar el nostre savi mestre que té dos nivells? Les coses que ja hem après i coneixem, i la formació que ens mostra com descobrir el que encara ignorem.

»Així doncs, vaig decidir cercar què calia fer per acumular riquesa, i en trobar-ho, em vaig imposar l'obligació de posar-ho en pràctica, i de fer-ho bé.

No és savi, potser, voler aprofitar la vida mentre ens il·lumina el sol, ja que la desgràcia ens caurà a sobre quan marxem cap a la foscor del món dels esperits?

»Vaig trobar feina com a escriba a la sala d'arxius, on passava llargues hores cada dia tot treballant sobre tauletes d'argila. Setmana rere setmana, mes rere mes, i tanmateix, no estalviava res del que guanyava. El menjar, la roba, les ofrenes als déus i altres despeses que ja ni recordo s'enduien tots els meus beneficis. Però continuava decidit.

»Un dia, l'Algamish, el prestador, va venir a la casa del senyor de la ciutat i em va encarregar una còpia de la novena llei. Em va dir: «He de tenir-la en el meu poder d'aquí a dos dies; si el treball està fet a temps, et donaré dues monedes de coure».

»Així doncs, vaig treballar de valent, però la llei era llarga i, quan l'Algamish va tornar, encara no havia acabat la feina. Estava enfadat; si hagués estat el seu esclau, m'hauria apallissat. Però com que sabia que el meu amo no ho permetria, no vaig tenir por i li vaig dir: «Algamish, sou un home ric. Digueu-me com puc fer-me ric i treballaré tota la nit escrivint les tauletes perquè, quan surti el sol, la llei estigui gravada».

»Ell em va somriure i va respondre: «Ets un jove astut. Accepto el tracte».

»Em vaig passar la nit sencera escrivint, tot i que se m'enrampava l'esquena i la mala olor de la làmpada em feia venir mal de cap, fins que gairebé ja no m'hi veia. Però en tornar ell a l'alba, les tauletes estaven enllestides.

»«Ara», li vaig dir, «compleix la teva promesa».

»«Has complert la teva part del tracte, fill meu», em digué amb bondat, «i jo estic disposat a complir la meva. Et diré el que vols saber, perquè em faig vell i a les llengües velles els agrada parlar. Quan un jove s'adreça a un vell per demanar consell, beu de la font de la saviesa que dona l'experiència. Massa sovint, els joves creuen que els vells només coneixen la saviesa del passat i, així, no n'aprofiten el valor. Però recorda això: el sol que brilla avui és el mateix que brillava quan va néixer el teu pare, i el mateix que brillarà quan mori l'últim dels teus nets».

»«Les idees dels joves», continuà, «són llums resplendents que creuen el cel com meteors; però la saviesa dels ancians és com les estrelles fixes que sempre llueixen igual, perquè els mariners puguin confiar-hi».

»«Recorda bé aquestes paraules si vols comprendre la veritat del que et diré, i no pensis que has treballat en va durant tota la nit».

»Aleshores, sota aquelles espesses celles, els seus ulls em van mirar amb intensitat, i digué amb veu baixa però ferma: «Vaig trobar el camí de la riquesa quan vaig decidir que *una part de tot el que guanyava m'havia de pertànyer*. El mateix serà veritat per a tu».

»Després, continuà mirant-me fixament, sense afegir res més. «Això és tot?», li vaig preguntar.

»«Va ser prou per convertir un pastor en un prestador d'or!», respongué.

»«Però… puc guardar *tot* el que guanyo, oi?», li vaig dir.

»«De cap manera», respongué. «No pagues el sabater? No pagues el sastre? No pagues pel menjar? Pots viure a Babilònia sense gastar? Què et queda de tot el que vas guanyar l'any passat? Beneït sigui l'idiota! Pagues a tothom menys a tu mateix.

Treballes per als altres. Tant li fa: és el mateix que ser un esclau que treballa per al seu amo, el qual te'n donaria prou perquè poguessis menjar i vestir-te. Si estalviessis una dècima part del que guanyes en un any, quant en tindries d'aquí a deu anys?».

»Els meus coneixements de càlcul em van permetre respondre: «Tant com guanyo en un any».

»Ell replicà: «El que dius és només mitja veritat. Cada moneda d'or que estalvies és un esclau que treballa per tu. Cada moneda que aquest esclau et doni, n'engendrarà d'altres que també treballaran per tu. Si vols fer-te ric, els teus estalvis han de treballar per tu, i els seus guanys també han de treballar per tu. Això t'ajudarà a aconseguir l'abundància que tant desitges».

»«Creus que t'he pagat malament per una nit sencera de treball», va continuar, «però en realitat t'he pagat mil vegades més, si saps captar la veritat del que t'he ensenyat».

»«Una part del que guanyes és teva, i la pots conservar. No ha de ser menys d'una dècima part, sigui quina sigui la quantitat que guanyis. Pot ser més, quan t'ho puguis permetre. Primer, paga't a tu mateix. No compris al sabater ni al sastre més d'allò que puguis pagar amb el que et queda, de manera que en tinguis prou per al menjar, la caritat i la devoció als déus».

»«La riquesa, com l'arbre, neix d'una llavor. La primera moneda que estalviïs serà la llavor que faci créixer l'arbre de la teva riquesa. Com més aviat plantis la llavor, més aviat creixerà l'arbre. Com més fidelment reguis i abonis aquest arbre, més aviat podràs reposar satisfet a la seva ombra».

»Després d'haver dit això, agafà les seves tauletes i se n'anà.

»Vaig pensar molt en el que m'havia dit, i em semblà raonable. Així que vaig decidir provar-ho. Cada vegada que em pagaven, separava una moneda de coure de cada deu i la guardava. I, per estrany que sembli, no em faltaven més diners que abans. Amb el temps m'hi vaig acostumar, i gairebé ni me n'adonava; tot i així, sovint sentia la temptació de gastar-me el meu petit tresor, que creixia lentament, per comprar algunes de les bones mercaderies que mostraven els comerciants, arribades amb els camells i els vaixells del país dels fenicis. Però em retenia amb prudència.

»Dotze mesos després de la seva visita, l'Algamish tornà i em digué: «Fill meu, t'has pagat a tu mateix amb la dècima part del que has guanyat aquest any?».

I jo li vaig respondre, orgullós: «Sí, mestre».

»«Molt bé», digué, satisfet. «I què n'has fet?».

»«L'he confiada a l'Azmur, el fabricant de maons. M'ha dit que viatjaria per mars llunyanes i que compraria joies rares als fenicis de Tiro per vendre-les després aquí a un preu alt i repartir-se amb mi els beneficis».

»«Se n'aprèn a cops», va grunyir. «Com pots confiar en un fabricant de maons per a un assumpte de joies? Aniries a veure un forner per parlar de les estrelles? És clar que no! Si pensessis una mica, aniries a veure un astrònom. Has perdut els teus estalvis, jove amic. Has tallat d'arrel el teu arbre de la riquesa. Però planta'n un altre. I la propera vegada, si vols un consell sobre joies, ves a veure un joier. Si vols saber la veritat sobre els anyells, ves a veure un pastor. Els consells es donen gratuïtament, però només cal escoltar els bons. Qui demana consell sobre els seus estalvis a algú que no hi entén, acaba pagant amb les seves pròpies economies el preu de la seva ignorància».

»Després de dir això, se n'anà.

»I tot succeí tal com ell ho havia predit, perquè els fenicis van resultar ser uns bergants que havien venut a l'Azmur trossos de vidre sense valor que semblaven pedres precioses. Però, tal com m'havia dit l'Algamish, vaig tornar a estalviar una moneda de coure de cada deu que guanyava, perquè ja m'hi havia acostumat i no em costava gens.

»Dotze mesos més tard, l'Algamish va tornar a la sala dels escribes i em va preguntar: «Quins progressos has fet des de la darrera vegada que et vaig veure?».

»«M'he pagat regularment», li vaig respondre; «he confiat els meus estalvis a l'Ager, el fabricant d'escuts, perquè compri bronze, i cada quatre mesos me'n paga els interessos».

»«Molt bé. I què fas amb aquests interessos?».

»«Faig un bon tiberi amb mel, bon vi i pastís d'espècies. També m'he comprat una túnica escarlata, i algun dia em compraré un ase jove per passejar».

»En sentir això, l'Algamish va riure: «Et menges els beneficis dels teus estalvis! Així, com vols que treballin per tu? Com poden generar més beneficis si te'ls cruspeixes? Primer procura't un exèrcit d'esclaus d'or i després podràs gaudir dels banquets sense cap mena de preocupació».

»Després d'això, no el vaig veure en dos anys. Quan tornà, el seu rostre estava ple d'arrugues i tenia els ulls enfonsats: s'estava fent vell. «Arkad», em digué, «ja ets ric, tal com somiaves?».

»I jo li vaig respondre: «Encara no tinc tot el que desitjo, només una part, però els beneficis que n'obtinc es multipliquen».

»«I encara demanes consell als fabricants de maons?».

»«Pel que fa a fabricar maons, donen bons consells», li vaig replicar.

»«Arkad», continuà, «has après bé la lliçó. Primer vas aprendre a viure amb menys del que guanyaves. Després, vas aprendre a demanar consell a homes competents, que parlaven amb saviesa gràcies a la seva experiència i que volien compartir-la. Finalment, has après a fer que els teus diners treballin per tu».

»«Has après per tu mateix com guanyar diners, com conservar-los i com fer-los servir. Ara n'ets capaç i estàs preparat per ocupar un lloc de responsabilitat. Jo em faig vell, els meus fills només pensen a gastar i mai a guanyar. Els meus negocis són molt grans, i temo que no els podré continuar controlant. Si vols anar a Nippur a encarregar-te de les meves terres, et faré el meu soci i en compartirem els beneficis».

»Així doncs, vaig anar a Nippur i vaig ocupar-me dels seus negocis importants. Com que estava ple d'ambició i havia après les tres regles de la gestió de la riquesa, vaig aconseguir augmentar molt el valor dels seus béns. Quan l'esperit de l'Algamish marxà al món de les tenebres, vaig heretar una part de les seves propietats, tal com ell havia establert segons la llei.

Així parlà Arkad, i en acabar d'explicar la seva història, un dels amics va dir:

—Vas tenir molta sort que l'Algamish et fes el seu hereu.

—Només vaig tenir la gran sort de voler prosperar abans de conèixer-lo. No vaig demostrar durant quatre anys la meva determinació tot guardant una dècima part del que guanyava? Diríeu que és afortunat el pescador que es passa anys i anys estudiant el comportament dels peixos i, quan el vent canvia, llança les xarxes en el moment precís i els atrapa? L'oportunitat és una deessa orgullosa que no perd el temps amb aquells que no estan preparats.

—Vas demostrar molta voluntat quan vas continuar després d'haver perdut els estalvis del teu primer any! Vas ser extraordinari! –exclamà un altre.

—Voluntat! –li replicà Arkad–. Quina absurditat! Creieu que la voluntat dona a un home la força per aixecar un feix que no pot moure un camell o arrossegar un bou? La voluntat no és més que la determinació inflexible d'acabar allò que hom s'ha imposat.

»Quan jo em proposo una tasca, per petita que sigui, la duc a terme. Si no ho fes, com podria confiar en mi mateix per realitzar tasques més importants? Si decideixo que, durant cent dies, cada cop que travessi el pont de la ciutat llançaré una pedra al riu, ho faré. Si el setè dia passo sense recordar-me'n, no em dic «Ho faré demà i llançaré dues pedres», no. Dono mitja volta i llanço la pedra al riu. El vintè dia no em dic que tot és inútil, ni em pregunto de què serveix tirar pedres al riu cada dia. No penso «Podries llançar-ne un grapat i ja n'hi hauria prou». No, no diré això ni ho faré. Quan m'imposo una feina, la compleixo, i per això procuro no començar mai tasques massa difícils o impossibles, perquè m'agrada disposar de temps lliure.

Llavors, un altre dels amics alçà la veu:

—Si el que dius és cert, i és raonable, com afirmes, aleshores tots els homes podrien fer-ho. I si tots ho fessin, hi hauria prou riquesa per a tothom?

—La riquesa creix cada vegada que els homes gasten les seves energies –respongué Arkad–. Si un home ric construeix un nou palau, es perd l'or amb què el paga? No. El fabricant de maons n'obté una part, el treballador una altra, l'artista també. I tots els que participen en la construcció del palau en reben una part. I quan el palau està acabat, no té el valor del que ha costat? I el terreny on s'ha aixecat no val més gràcies a això? La riquesa creix de manera misteriosa. Cap home no pot predir-ne el límit. No han alçat els fenicis grans ciutats en costes àrides gràcies a les riqueses que els duien els seus vaixells?

—Què ens aconselles, doncs, perquè nosaltres també ens fem rics? –li preguntà un dels amics–. Els anys han passat, ja no som joves i no tenim diners per estalviar.

—Us recomano que poseu en pràctica els savis principis de l'Algamish –digué Arkad–. Repetiu-vos això: *Una part de tot el que guanyo és per a mi i la conservaré*. Digueu-vos-ho al matí, al migdia, al vespre, cada hora de cada dia. Repetiu-ho fins que aquestes paraules brillin davant vostre com lletres de foc al cel.

»Impregneu-vos d'aquesta idea. Ompliu-vos d'aquest pensament. Preneu la part que us sembli prudent d'allò que guanyeu (que no sigui mai menys d'una dècima part) i conserveu-la. Organitzeu les vostres despeses en conseqüència a la vostra decisió. Però primer, aparteu aquesta porció. Aviat descobrireu el plaer de posseir un tresor que només us pertany a vosaltres i que, a mesura que creix, us inspira i estimula. Un nou plaer de viure us animarà. Si us hi esforceu més, n'obtindreu més. Si els vostres ingressos augmenten, encara que el percentatge sigui el mateix, les vostres rendes seran més grans, oi?

»En arribar a aquest punt, apreneu a fer treballar el vostre or per vosaltres; feu-lo el vostre esclau. Feu que els fills dels seus esclaus i els fills dels fills treballin també per vosaltres. Assegureu-vos una renda per al futur; mireu els ancians i no oblideu que un dia vosaltres també ho sereu. Invertiu el vostre patrimoni amb la màxima prudència per no perdre'l. Els interessos dels usurers són com cants de sirena que atreuen els imprudents cap als esculls de la ruïna i el penediment.

»Vetlleu perquè la vostra família no passi necessitat si els déus us criden al seu regne. Per garantir aquesta protecció, sempre es poden reservar petites quantitats de manera regular. L'home prudent no confia a rebre grans sumes si no les ha vistes abans amb els seus propis ulls.

»Demaneu consell als homes savis. Busqueu l'opinió d'aquells que tracten amb diners cada dia. Deixeu que us ajudin a evitar errors com el meu, quan vaig confiar els meus estalvis al fabricant de maons, l'Azmur. És millor un petit interès segur que un gran risc.

»Gaudiu de la vida mentre sigueu en aquest món. No sigueu excessivament estalviadors. Si la dècima part del que guanyeu és una quantitat raonable per estalviar, conformeu-vos amb això. Fora d'això, visqueu d'acord amb els vostres ingressos. No sigueu avars ni tingueu por de gastar. La vida és bella i plena de coses bones que podeu gaudir.

Després d'escoltar aquelles paraules, els seus amics li donaren les gràcies i se n'anaren. Alguns es van quedar en silenci, incapaços de comprendre res. Altres sentien recel, tot pensant que un home tan ric hauria pogut compartir els seus diners amb ells. Però n'hi hagué uns quants que tenien una nova lluïssor als ulls. Havien entès que l'Algamish havia tornat a la sala dels escribes per observar atentament un home que s'obria camí cap a la llum. I sabien que ningú pot ocupar aquest lloc sense haver comprès abans tot això per si mateix i sense estar disposat a aprofitar l'oportunitat quan es presenta.

Els darrers van ser els que, durant els anys següents, visitaren assíduament Arkad, que els rebia amb alegria. Els aconsellava i els transmetia la seva saviesa de manera desinteressada, com acostumen a fer els homes de gran experiència. Els ajudava a invertir els estalvis de manera que els produïssin un interès segur i no es malgastessin en males inversions que no haurien generat cap benefici.

El dia que prengueren consciència de la veritat que s'havia transmès de l'Algamish a Arkad, i d'Arkad a ells, marcà un punt d'inflexió en les seves vides.

UNA PART D'ALLÒ QUE GUANYEU US
PERTANY: CONSERVEU-LA.

3. Les set maneres d'omplir una bossa buida

La glòria de Babilònia perdura: al llarg dels segles ha conservat la reputació d'haver estat una de les ciutats més riques i amb els tresors més fabulosos.

No sempre havia estat així. Les riqueses de Babilònia van ser el resultat de la saviesa dels seus habitants, que primer hagueren d'aprendre com fer-se rics.

Quan el bon rei Sargó tornà a Babilònia després de vèncer els elamites, els seus enemics, es trobà davant d'una situació greu. El canceller reial n'hi va explicar les raons:

—Després de diversos anys de gran prosperitat (els quals el nostre poble deu a Vostra Majestat, que ha fet construir grans canals de regadiu i grans temples per als déus), ara que les obres han acabat, el poble sembla incapaç de cobrir les seves necessitats.

»Els obrers no tenen feina, els comerciants tenen pocs clients, els agricultors no poden vendre els seus productes i el poble no té prou or per comprar menjar.

—Però on ha anat a parar tot l'or que hem gastat en aquestes millores? –preguntà el rei.

—Em temo que ha anat a parar a mans d'uns quants homes molt rics de la nostra ciutat –respongué el canceller–. Ha passat entre els dits de la major part del nostre poble tan ràpid com la llet de cabra passa pel colador. Ara que la font d'or ha deixat de fluir, la major part dels ciutadans torna a no tenir res.

—Per què tan pocs homes han pogut aconseguir tot l'or? –preguntà el rei, després de pensar uns instants.

—Perquè saben com fer-ho –respongué el canceller–. No es pot condemnar un home perquè aconsegueix l'èxit; tampoc seria just prendre-li els diners que ha guanyat honestament per donar-los als que no han sabut fer el mateix.

—Però per què no poden tots els homes aprendre a fer fortuna i així fer-se rics?

—La vostra pregunta conté la seva pròpia resposta, Vostra Majestat. Qui és el més ric de tota Babilònia?

—És cert, bon canceller, és Arkad. És l'home més ric de Babilònia. Porta-me'l demà.

L'endemà, tal com havia ordenat el rei, es va presentar davant d'ell Arkad, dret i amb la ment viva tot i la seva avançada edat.

—Posseïes alguna cosa quan vas començar? –li preguntà el rei.

—Només un gran desig de riquesa. A part d'això, res.

—Arkad –continuà el rei–, la nostra ciutat es troba en una situació molt delicada, perquè són pocs els homes que coneixen la manera d'adquirir riquesa. Aquests babilonis monopolitzen el diner, mentre que la majoria del poble no sap com conservar una part de l'or que rep com a pagament.

»Desitjo que Babilònia sigui la ciutat més rica del món, i això vol dir que hi ha d'haver molts homes rics. Hem d'ensenyar al poble sencer com pot aconseguir riquesa. Digues-me, Arkad, hi ha un secret per aconseguir-ho?, es pot transmetre?

—És una qüestió pràctica, Vostra Majestat. Tot allò que un home sap, pot ensenyar-se.

—Arkad. –Els ulls del rei brillaven–. Has dit exactament les paraules que volia sentir. T'oferiries per a aquesta gran causa?, ensenyaries la teva ciència a un grup de mestres? Cada un d'ells podria instruir-ne d'altres fins que hi hagués prou educadors per ensenyar a tots els súbdits capacitats del meu regne.

—Soc el vostre humil servidor –va dir Arkad amb una reverència–. Compartiré amb gust tot el coneixement que pugui tenir, pel bé dels meus conciutadans i per la glòria del meu rei. Feu que el vostre bon canceller m'organitzi una classe de cent homes, i jo els ensenyaré les set maneres que van permetre que la meva fortuna florís quan no hi havia a Babilònia cap bossa més buida que la meva.

Dues setmanes més tard, les cent persones escollides es reuniren a la gran sala del temple del Coneixement del Rei. Seien sobre catifes de colors i formaven un semicercle. Arkad es va asseure davant d'ells, al costat d'un petit tamboret sobre el qual cremava una làmpada sagrada que desprenia una olor estranya i agradable.

—Mira l'home més ric de Babilònia –xiuxiuejà un alumne a l'orella del seu veí quan Arkad s'aixecà–; no és pas diferent de nosaltres.

—Com a lleial súbdit del nostre rei –començà Arkad–, soc aquí per servir-lo. M'ha demanat que us transmeti el meu saber, ja que jo mateix, en un temps determinat, vaig ser un jove pobre que desitjava ardentment posseir riqueses i vaig trobar la manera d'aconseguir-les.

»Vaig començar de la manera més humil. No tenia més diners que vosaltres per gaudir plenament de la vida, tampoc més que la majoria dels ciutadans de Babilònia.

»El primer lloc on vaig guardar els meus tresors era una bossa gastada. Detestava veure-la així, buida i inútil. Desitjava que fos plena i pesant, que l'or hi ressonés, a dins. Per això em vaig esforçar a trobar maneres d'omplir una bossa; i en vaig descobrir set.

»Us explicaré, a vosaltres que esteu reunits aquí davant meu, aquestes set maneres que recomano a tots els homes que vulguin aconseguir diners a cabassos. Cada dia us n'explicaré una, i així ho farem durant set dies.

»Escolteu amb atenció la ciència que us transmetré. Debateu les qüestions amb mi, discutiu-les entre vosaltres. Apreneu aquestes lliçons a fons, perquè siguin la llavor d'una riquesa que farà florir la vostra fortuna. Cadascú ha de començar a construir la seva riquesa amb seny; quan ja sigueu competents (i només aleshores), ensenyeu aquestes veritats als altres.

»Us mostraré maneres senzilles d'omplir la vostra bossa. Aquest és el primer pas que us conduirà al temple de la riquesa; cap home no hi pot arribar si abans no posa fermament els peus al primer graó.

»Avui reflexionarem sobre la primera manera.

La primera manera.
Comenceu a omplir la vostra bossa

Arkad es va adreçar a un home que se l'escoltava atentament des de la segona fila:

—Bon amic meu, a què et dediques?

—Soc escriba –respongué l'home–, gravo documents sobre tauletes d'argila.

—Jo vaig guanyar les meves primeres monedes fent aquesta mateixa feina –digué Arkad–. Així doncs, tens les mateixes oportunitats d'amassar una fortuna que vaig tenir jo.

Després s'adreçà a un home de rostre morè que seia més enrere:

—Digues-me, si us plau, de què treballes per guanyar-te el pa.

—Soc carnisser –va respondre l'home–. Compro cabres als grangers, les sacrifico, en venc la carn a les dones i la pell als fabricants de sandàlies.

—Atès que tens un ofici i un salari –digué Arkad–, disposes de les mateixes eines que jo vaig tenir per triomfar.

Arkad continuà preguntant-los a tots ells com es guanyaven la vida, procedint de la mateixa manera.

—Ja ho veieu, estimats alumnes –va dir en acabar les preguntes–, hi ha molts oficis que permeten a l'home guanyar diners. Cadascun d'aquests oficis és com una veta d'or de la qual el treballador pot extreure una part per a la seva pròpia bossa, gràcies al seu esforç. Podem dir que la fortuna és com un riu de monedes de plata, més gran o més petit segons la vostra habilitat. No és així?

Tots hi van estar d'acord.

—Aleshores –continuà Arkad–, si un de vosaltres vol acumular un tresor propi, no seria assenyat començar aprofitant aquesta font de riquesa que ja coneixem?

Tots van tornar a assentir. En aquell moment, Arkad es girà cap a un home humil que havia dit ser venedor d'ous.

—Què passaria si cada matí posessis deu ous en una de les teves cistelles, i cada vespre en retiressis només nou?

—Que al final la cistella vessaria –respongué l'home.

—I per què?

—Perquè cada dia n'hi afegeixo un més dels que en trec.

Arkad es dirigí a tota la classe somrient.

—Hi ha algú aquí que tingui la bossa buida? –va preguntar.

Els homes es van mirar divertits, van riure i, finalment, sacsejaren les seves bosses tot fent broma.

—Bé –continuà Arkad–. Ara coneixereu el primer mètode per omplir les butxaques. Feu exactament el que he suggerit al venedor d'ous: *De cada deu monedes que guanyeu i us guardeu a la bossa, traieu-ne només nou per gastar. La bossa començarà a inflar-se ràpidament, el pes de les monedes augmentarà, i sentireu una agradable sensació en pesar-la. Això us produirà una satisfacció personal.*

»No us burleu del que us dic perquè us sembli massa simple. La veritat sempre és simple. Ja us he dit que us explicaria com vaig amassar la meva fortuna. Així van ser els meus inicis: jo també havia tingut la bossa buida, i la maleïa perquè no contenia res amb què pogués satisfer els meus desitjos. Però quan vaig començar a gastar només nou de cada deu monedes que hi posava, la bossa començà a inflar-se. El mateix us passarà a vosaltres.

»Us diré una veritat estranya, el principi de la qual desconec: en començar a gastar només les nou dècimes parts del que guanyava, em vaig apanyar igual de bé que abans, quan m'ho gastava tot. No tenia menys diners que abans. A més, amb el temps, els diners venien amb més facilitat. Segurament és una llei dels déus, que fa que, per a aquells que no es gasten tot el que guanyen i en guarden una part, sigui més fàcil obtenir diners, de la mateixa manera que l'or no va mai a parar a les mans de qui té les butxaques buides.

»Què desitgeu amb més força? Satisfer els desitjos del dia a dia (joies, mobles, robes noves, menjar), coses que desapareixen i oblidem fàcilment?, o béns reals, com l'or, les terres, els ramats, les mercaderies i els beneficis de les inversions? Les monedes que tragueu de la bossa us donaran les primeres coses; les que no tragueu, us donaran les segones.

»Aquesta és, estimats alumnes, la primera manera que he descobert d'omplir una bossa buida: *De cada deu monedes que guanyeu, gasteu-ne només nou.* Debateu-ho entre vosaltres. Si algú pot provar que no és cert, que ho digui demà quan ens tornem a reunir.

La segona manera.
Controleu les vostres despeses

—Alguns de vosaltres –va dir Arkad el segon dia– m'heu preguntat: «Com pot un home guardar una dècima part del que guanya si ni tan sols les deu dècimes parts li són suficients per cobrir les necessitats més urgents?». Quants de vosaltres teníeu ahir una fortuna més aviat escassa?

—Tots –respongueren els alumnes.

—Tanmateix, no tots guanyeu el mateix. Alguns guanyen molt més que d'altres, alguns tenen famílies més nombroses per mantenir. I, tot i això, totes les bosses estaven igual de buides.

»Us diré una veritat que concerneix tots els homes i els seus fills: les despeses que anomenem «necessàries» sempre creixen en proporció als ingressos, si no fem res per evitar-ho.

»No confongueu les despeses necessàries amb els vostres desitjos. Tots vosaltres i les vostres famílies teniu més desitjos dels que podeu satisfer. Gasteu els diners per acontentar-ne alguns, dins d'uns límits, però encara us en queden molts sense complir.

»Tots els homes es preocupen perquè tenen més desitjos dels que poden satisfer. Creieu que, gràcies a la meva riquesa, jo puc satisfer-los tots? És una idea falsa. El meu temps és limitat, les meves forces són limitades, les distàncies que puc recórrer són limitades, el que puc menjar i els plaers que puc sentir també són limitats.

»Us dic això perquè entengueu que els desitjos germinen lliurement a l'esperit de l'home cada vegada que hi ha l'oportunitat de satisfer-los, igual que les males herbes creixen al camp quan el pagès els deixa espai. Els desitjos són molts, però pocs els que poden satisfer-se.

»Estudieu atentament els vostres hàbits de vida. Descobrireu que la major part de les necessitats que considereu essencials poden reduir-se o eliminar-se. Que el vostre lema sigui apreciar al cent per cent el valor de cada moneda que gasteu.

»Escriviu en una tauleta totes les coses que us generen despeses. Escolliu aquelles que són realment necessàries i que es mantenen dins els límits de les nou dècimes parts dels ingressos que teniu.

»Oblideu la resta i considereu sense dolor tot allò que no pugueu permetre-us com a part de la multitud de desitjos que han de quedar sense satisfer.

»Feu una llista de les despeses necessàries. No toqueu mai la dècima part destinada a engruixir la bossa: feu-la el vostre gran desig, i que es vagi complint a poc a poc. Continueu treballant segons el pressupost de què disposeu, ajustant-lo a mesura que ho exigeixin les circumstàncies. Que el pressupost es converteixi en el primer instrument en el control de les despeses de la vostra creixent fortuna.

Llavors, un dels estudiants, vestit amb una túnica vermella i daurada, es va aixecar:

—Soc un home lliure –va dir–. Crec que tinc dret a gaudir de les coses bones de la vida. Em rebel·lo contra l'esclavatge del pressupost que fixa la quantitat exacta d'allò que puc gastar i en què. Em sembla que això m'impedirà gaudir de molts plaers i em farà tan miserable com un ase carregat amb un feix pesant.

—I qui, amic meu, decidirà el teu pressupost? –replicà Arkad.

—Jo mateix el faré! –va protestar el jove.

—En el cas que un ase pogués decidir la seva pròpia càrrega, creus que hi posaria joies, catifes i lingots d'or? No ho crec. Carregaria fenc, gra i una pell plena d'aigua per al camí pel desert.

»L'objectiu del pressupost és ajudar-vos a augmentar la vostra fortuna. Us permetrà proveir-vos dels béns necessaris i, en certa mesura, satisfer alguns altres desitjos, però sobretot us farà capaços de complir els objectius més importants que teniu, protegint-los dels capricis fútils. Com una llum brillant dins una cova fosca, el pressupost us mostra els forats de la vostra bossa i us permet tapar-los i controlar les despeses d'acord amb unes metes definides i més satisfactòries.

»Aquesta és la segona manera d'obtenir riquesa: *Pressuposteu les vostres despeses de manera que sempre tingueu diners per pagar el que és inevitable, per a les vostres distraccions i per satisfer els desitjos raonables, sense gastar mai més de nou dècimes parts dels vostres ingressos.*

La tercera manera.
Feu que el vostre or fructifiqui

—Suposem —va dir Arkad el tercer dia— que ja heu acumulat una bona fortuna, que us heu disciplinat per reservar una dècima part del que guanyeu i que heu après a controlar les despeses per protegir el vostre tresor creixent. Ara veurem com fer que aquest tresor augmenti. L'or guardat dins una bossa alegra el cor del seu propietari i satisfà l'ànima de l'avar, però no produeix res. La part dels guanys que conserveu no és més que el començament; el que produeixi després és el que construirà la vostra fortuna.

»Com podem fer que l'or treballi? La primera vegada que vaig invertir diners —continuà— vaig tenir mala sort, perquè ho vaig perdre tot, però ja us ho explicaré més endavant. La primera inversió profitosa que vaig fer va ser un préstec a un home anomenat Agar, un fabricant d'escuts. Un cop l'any, ell comprava grans carregaments de bronze que arribaven de mars llunyanes i que utilitzava per fabricar armes. Com que no tenia prou capital per pagar els comerciants, demanava diners a aquells que en tenien de sobres. Era un home honrat, i retornava els préstecs amb interessos quan venia els escuts.

»Cada vegada que jo li prestava diners, hi afegia també els interessos que m'havia pagat, i així augmentava no sols el capital, sinó també els beneficis. Em satisfeia molt veure com aquelles quantitats tornaven a la meva bossa.

»Estimats alumnes, us dic que la riquesa d'un home no es troba a les monedes que duu a la bossa, sinó en la fortuna que amassa: el corrent d'or que flueix constantment i l'alimenta. Això és el que tot home desitja: una font d'ingressos que continuï produint, tant si esteu treballant com de viatge.

»He acumulat una gran fortuna, tan gran que es diu que soc molt ric. Els préstecs que vaig fer a l'Agar van ser la meva primera experiència en l'art d'invertir amb profit. Després d'aquella bona experiència, vaig incrementar els préstecs i les inversions a mesura que creixia el meu capital. Cada vegada hi havia més fonts que alimentaven el corrent d'or que fluïa cap a la meva bossa i que podia fer servir amb saviesa.

»Així doncs, els meus modestos guanys van engendrar un exèrcit d'«esclaus» que treballaven i guanyaven més or. Treballaven per a mi, igual que els seus fills i els fills dels seus fills, fins que, gràcies als seus esforços, vaig reunir una fortuna considerable.

»L'or creix ràpidament quan genera ingressos importants, com veureu en aquesta història:

»Un pagès dugué deu monedes d'or a un prestador quan va néixer el seu primer fill, i li demanà que les fes servir en préstecs fins que el noi tingués vint anys. El prestador hi va accedir i establí un interès d'un quart de la suma cada quatre anys, i afegia els interessos al capital.

»Quan el jove va complir vint anys, el pare anà a veure el prestador per preguntar-li pels diners, i ell li explicà que les deu monedes d'or s'havien convertit en trenta-una, gràcies al rendiment acumulat dels interessos sobre els interessos. La quantitat inicial havia augmentat.

»El pagès, encantat, deixà els diners en dipòsit per al seu fill. Quan el fill arribà als cinquanta anys, el prestador li retornà cent seixanta-set monedes. En cinquanta anys, els diners s'havien multiplicat per disset.

»Aquesta és la tercera manera d'omplir la bossa: *Feu que cada moneda produeixi, que es multipliqui com els ramats al camp, i convertiu aquests ingressos en el corrent inesgotable de riquesa que alimenta constantment la vostra fortuna.*

La quarta manera.
Protegiu els vostres tresors de qualsevol pèrdua

—La mala sort és com un cercle brillant: atrau, però pot resultar fatal. L'or d'una bossa s'ha de guardar amb cura; si no, desapareix. És bo començar protegint les petites sumes abans que els déus ens confïin les grans.

Així va parlar Arkad el quart dia.

—Qui posseeix or serà temptat moltes vegades a invertir en projectes aparentment atractius. A vegades, amics o familiars impacients, ansiosos de guanyar diners, ens pressionaran perquè hi participem.

»El primer principi de qualsevol inversió és assegurar el vostre capital. És raonable deixar-se encegar per grans guanys si hi ha risc de perdre el capital? Jo diria que no. El càstig per córrer aquest risc és, sovint, la pèrdua. Examineu amb cura qualsevol proposta abans de separar-vos del vostre tresor. Assegureu-vos que el podreu reclamar amb seguretat, i no us deixeu endur per fantasies de riqueses ràpides.

»Abans de prestar el vostre or, assegureu-vos que el deutor us podrà tornar els diners i que té bona reputació. No li feu, sense adonar-vos-en, un regal: el tresor que tant us ha costat reunir.

»Abans d'invertir en qualsevol negoci o propietat, sigueu conscients dels perills que poden aparèixer.

»La meva primera inversió, aleshores, va ser una tragèdia per a mi. Vaig confiar els estalvis d'un any a un fabricant de maons anomenat Azmur, que viatjava per mars llunyanes fins a Tiro. Li vaig demanar que em comprés joies fenícies per vendre-les després aquí i repartir-nos els beneficis. Els fenicis, però, van resultar uns bergants i li van vendre trossos de vidre acolorit.

Vaig perdre el meu tresor. Avui, l'experiència m'impediria confiar la compra de joies a un fabricant de maons.

»Així que us aconsello, amb coneixement i experiència, que no confieu massa en la vostra pròpia intel·ligència ni exposeu els tresors a paranys d'inversió. És millor escoltar els experts en allò que voleu fer amb els vostres diners. Els seus consells són gratuïts i poden arribar a valer tant com l'or que us podrien fer perdre.

»Aquesta és la quarta manera d'incrementar la vostra bossa, i té una gran importància: *Protegiu el vostre tresor contra les pèrdues i invertiu només allà on el vostre capital estigui segur i sigui recuperable, sense deixar mai de percebre un interès just. Demaneu consell als homes savis i a aquells que tenen experiència en la gestió profitosa dels negocis. Deixeu que la seva saviesa protegeixi el vostre tresor d'inversions dubtoses.*

La cinquena manera.
Feu que la vostra propietat sigui una inversió rendible

—Si un home es reserva una dècima part dels guanys i amb això pot viure i gaudir de la vida, i una de les altres nou parts pot convertir-la en una inversió rendible sense perjudicar-se, aleshores els seus tresors creixeran amb més rapidesa –així parlà Arkad a la seva classe en la cinquena lliçó.

»Molts babilonis eduquen la família en barris de mala reputació. Els propietaris són exigents i els cobren lloguers molt elevats per a habitacions petites. Les dones no tenen espai per cultivar les flors que els alegren el cor, i els fills només poden jugar en carrerons bruts i estrets.

»La família d'un home no pot gaudir plenament de la vida si no posseeix un tros de terra on els nens puguin córrer i la dona hi pugui plantar, a més de flors, herbes aromàtiques que perfumin el menjar de la llar.

»El cor d'un home s'omple d'alegria quan pot menjar figues dels seus arbres i raïms de les seves vinyes. Si posseeix una casa en un barri del qual pot sentir-se orgullós, això li infon confiança i l'anima a dur a terme les seves tasques amb ànim renovat. També recomano –va dir Arkad– que tot home tingui un sostre propi sota el qual protegir-se, ell i els seus.

»Qualsevol home de bona voluntat pot posseir una casa. No ha ampliat el nostre rei les muralles de Babilònia per tal que poguéssim comprar, a un preu raonable, terres abans inútils?

»Estimats alumnes, us asseguro que els prestadors tenen una gran consideració pels homes que busquen casa i terres per a la seva família. Podeu demanar diners prestats sense dificultats, si és amb el propòsit honrat de pagar al fabricant de maons o al fuster, sempre que disposeu d'una bona part de la quantitat necessària.

»Després, quan hagueu construït la casa, podreu pagar al prestador regularment, tal com abans pagàveu al propietari. En pocs anys, haureu retornat el préstec, perquè cada pagament reduirà una part del deute.

»I aleshores us n'alegrareu: tindreu una propietat legítima i el vostre únic pagament serà el dels impostos reials.

»La vostra dona anirà al riu més sovint per rentar la roba i us portarà una pell de cabra plena d'aigua per regar les plantes del jardí.

»L'home que posseeixi una casa pròpia serà beneït. El cost de la vida es reduirà molt i podrà destinar una gran part dels ingressos als plaers i desitjos que vulgui satisfer.

»Aquesta és la cinquena manera d'omplir la bossa: *Posseir una casa pròpia.*

La sisena manera.
Assegureu-vos ingressos per al futur

—La vida de tot home va de la infància a la vellesa. Aquest és el camí natural, i ningú no pot desviar-se'n si els déus no el criden prematurament al més enllà. Per això, declaro: *L'home ha de preveure ingressos suficients per a la vellesa i ha de preparar la família per al moment en què ell ja no hi sigui, per consolar-los i proveir-los de les seves necessitats.* Aquesta lliçó us ensenyarà a omplir la bossa en els moments en què ja no us resulti tan fàcil aprendre.

Així es dirigí Arkad a la seva classe el sisè dia.

—L'home que comprèn les lleis de la riquesa i que aconsegueix augmentar contínuament els estalvis ha de pensar també en el futur. Ha de planificar una font d'ingressos o estalviar diners que li durin molts anys i dels quals pugui disposar quan arribi el moment.

»Hi ha diverses maneres de preparar aquest futur. Un home pot amagar un tresor en un lloc secret; però, per molt bé que l'oculti, els seus diners poden acabar convertint-se en el botí d'un lladre. Per això, no recomano aquest mètode.

»Pot comprar cases o terres amb aquesta finalitat. Si les tria amb criteri, en funció de la seva utilitat i del seu valor futur, augmentaran de preu, i els beneficis o la seva venda li reportaran els fruits esperats.

»També pot dipositar petites sumes regularment a mans d'un prestador, que les farà créixer mitjançant els interessos. Conec —va explicar Arkad— un fabricant de sandàlies anomenat Ausan que em digué fa poc que, durant vuit anys, cada setmana havia portat dues monedes al prestador. I ell ara li acabava de mostrar l'estat del seu compte: el dipòsit, juntament amb els interessos acumulats, a una taxa d'un quart cada quatre anys, sumaven quaranta monedes.

»L'he encoratjat a continuar, i amb uns senzills càlculs li he demostrat que, d'aquí a dotze anys, dipositant les mateixes dues monedes setmanals, reunirà quatre mil monedes amb les quals podrà viure còmodament la resta dels seus dies.

»Si una contribució tan petita i constant pot produir resultats tan grans, *cap home pot permetre's no assegurar-se un tresor per a la vellesa i per a la protecció de la família, per molt pròsper que siguin el seu negoci o les inversions actuals.*

»I encara diria més: crec que algun dia hi haurà qui inventi un sistema per protegir-se contra la mort; cada home pagarà petites quotes amb regularitat, i l'import total constituirà una suma important que rebrà la família quan ell mori. Seria un gran invent, i ho recomano fervorosament, tot i que encara no existeix. Serà una gran benedicció per a molts homes, perquè fins i tot el primer petit pagament posarà una quantitat raonable a disposició de la família del difunt.

»Com que vivim en el present i no en el futur, hem d'aprofitar els mitjans actuals per dur a terme aquests propòsits. Per això recomano a tots els homes que acumulin béns per a la vellesa de manera sensata i previnguda, perquè la desgràcia d'un home incapaç de treballar o d'una família sense cap de família és una tragèdia dolorosa.

»Aquesta és la sisena manera d'omplir la bossa: *Preveieu els ingressos per als dies venidors i assegureu així la protecció de la vostra família.*

La setena manera.
Augmenteu la vostra habilitat per adquirir béns

—Estimats alumnes, avui us parlaré d'una de les maneres més importants d'amassar una fortuna. Però no us parlaré de l'or, sinó de vosaltres, els homes que treballeu i us asseieu aquí davant meu. –Així començà Arkad la setena lliçó–. Parlarem de les coses de la ment i de la vida dels homes que treballen a favor o en contra del seu propi èxit.

»No fa gaire, un jove que buscava algú que li prestés diners va venir a veure'm. Quan li vaig preguntar per què els necessitava, es queixà que els seus ingressos no li bastaven per cobrir les despeses. Li vaig dir que, en aquest cas, era un mal client per a qualsevol prestador, ja que no podria retornar el préstec. «El que necessites, noi», li vaig dir, «és guanyar més diners. Què podries fer per augmentar els ingressos?».

»«Tot el que pugui», em respongué. «He intentat parlar amb el meu amo sis vegades en dues llunes per demanar-li un augment, però no ho he aconseguit. No puc fer-hi res més».

»Aquella ingenuïtat em feia somriure, però el seu desig d'augmentar els guanys era sincer i ferm. Tenia un just i noble anhel: guanyar més diners.

»*El desig ha de precedir l'assoliment. Els vostres desitjos han de ser forts i ben definits.* Els desitjos vagues no són més que ombres febles. El simple desig de «ser ric» no té cap valor. L'home que desitja cinc monedes d'or té un propòsit concret, tangible, i aquest desig l'empeny a actuar amb urgència. Quan hagi aconseguit aquestes cinc monedes i s'hagi imposat el propòsit de conservar-les amb seguretat, aprendrà com obtenir-ne deu, després vint i, més endavant, mil. Així és com un home es fa ric: aprenent a convertir un petit desig ben definit en un de més gran. Les fortunes es construeixen així: començant per poc i avançant pas a pas. D'aquesta manera, l'home aprèn i es torna més hàbil.

»Els desitjos han de ser petits i ben definits. Si són massa nombrosos, confusos o desmesurats, per damunt de les capacitats de l'home que vol realitzar-los, acabaran frustrant el seu objectiu.

»A mesura que un home es perfecciona en l' ofici que duu a terme, la seva remuneració augmenta. En altres temps, quan jo era un pobre escriba que gravava tauletes per unes quantes monedes al dia, vaig observar que altres treballadors escrivien més i cobraven més. Aleshores vaig decidir que ningú no em superaria. Aviat vaig descobrir la clau del seu èxit. Vaig posar més interès en la meva feina, m'hi concentrava millor, era més constant. I aviat pocs homes podien gravar més tauletes que jo en un dia. Poc després, vaig rebre la recompensa: no vaig haver d'anar a veure el meu amo sis vegades per demanar-li un augment.

»Com més coneixement adquireixi un home, més diners guanyarà. Qui s'esforça per aprendre millor el seu ofici, és recompensat. Si és artesà, que aprengui noves tècniques i utilitzi les eines més perfeccionades. Si exerceix la llei o la medicina, que consulti i comparteixi els coneixements amb els companys. Si és comerciant, que busqui mercaderies de més bona qualitat per vendre-les a més bon preu.

»Els negocis prosperen perquè els homes perspicaços s'esforcen per millorar i ser més útils als seus superiors. Per això, insto tots els homes a progressar i a no quedar-se aturats, llevat que vulguin que se'ls oblidi.

»Hi ha moltes obligacions que omplen la vida d'un home i l'enriqueixen amb experiències gratificants. Un home que es respecta a si mateix ha de fer aquestes coses:

»*Ha de pagar els seus deutes tan aviat com pugui i no comprar res que no pugui pagar.*

»*Ha de proveir les necessitats de la seva família, perquè l'estimin i el respectin.*

»*Ha de redactar un testament per garantir que, si els déus el criden, els seus béns seran repartits de manera justa i equitativa.*

»*Ha de ser compassiu amb els malalts i desafortunats, i ajudar-los. Ha de ser previsor i caritatiu amb aquells que estima.*

»Així doncs, la setena i última manera de fer fortuna consisteix a *cultivar les facultats de l'esperit, estudiar, instruir-se i actuar amb dignitat i respecte per un mateix.* D'aquesta manera adquirireu prou confiança per dur a terme els desitjos que hàgiu concebut i escollit.

»Aquestes són les set maneres de fer fortuna, sorgides d'una llarga i pròspera experiència de vida. Les recomano a tots aquells que vulguin enriquir-se.

»Estimats alumnes, hi ha més or a la ciutat de Babilònia del que mai hauríeu somiat que posseiríeu. Hi ha or en abundància per a tothom.

»Així doncs, avanceu i poseu en pràctica aquestes veritats; prospereu i feu-vos rics, com us correspon per dret.

»I després, ensenyeu aquestes mateixes veritats a tots els súbdits honrats de la nostra benvolguda ciutat, perquè puguin compartir la seva gran riquesa.

4. La deessa de la fortuna

Si un home té sort,
és impossible predir l'abast de la seva riquesa.
Si el llancen a l'Eufrates, en sortirà amb una perla a la mà.

Proverbi babilònic

Tots els homes desitgen tenir sort, i aquest desig era tan viu al cor dels babilonis d'ara fa quatre mil anys com en el dels homes d'avui. Tots esperem la gràcia de la capritxosa deessa de la fortuna. Però hi ha alguna manera d'obtenir no sols la seva atenció, sinó també la seva generositat? Podem fer alguna cosa per atraure la sort?

Aquesta era precisament la pregunta que es feien els habitants de l'antiga Babilònia, i es van proposar esbrinar-la. Eren clarividents i grans pensadors, per això la seva ciutat es convertí en la més rica i poderosa del seu temps.

En aquella època llunyana no hi havia escoles, però sí un centre d'aprenentatge molt pràctic. Entre els edificis emmurallats de Babilònia, aquell lloc tenia tanta importància com el palau, els jardins penjants o els temples dels déus. Tot i així, als llibres d'història gairebé no hi apareix, o potser gens, malgrat la seva gran influència sobre el pensament d'aquell temps.

El lloc era el temple del Coneixement. Allà, mestres voluntaris explicaven la saviesa dels antics i s'hi debatien assumptes d'interès general en assemblees obertes. Entre les seves parets, tots els homes eren iguals: l'esclau més insignificant podia rebatre impunement les opinions del príncep del palau reial.

Un dels homes que freqüentaven el temple del Coneixement era Arkad, aquell home savi i opulent de qui es deia que era el més ric de Babilònia. En una sala especial del temple es reunien, gairebé cada tarda, una quarantena d'homes –alguns de vells, altres de joves, i la majoria d'edat madura– per debatre temes d'interès. Escoltem què deien, per veure si sabien com atreure la sort...

El sol acabava de pondre's, semblant a una gran bola de foc brillant que es dissolia entre la boira polsosa del desert, quan Arkad es dirigí al seu estrat habitual. Uns quaranta homes l'esperaven, estirats sobre petites catifes esteses a terra.

—De què parlarem aquesta tarda? –va preguntar Arkad.

Després d'un moment d'indecisió, un home alt, un teixidor, s'aixecà, com era costum, i digué:

—M'agradaria escoltar algunes opinions sobre un assumpte; tanmateix, temo que us pugui semblar ridícul a vosaltres i també als meus amics. –Empès per Arkad i pels altres, afegí–: Avui he tingut sort, he trobat una bossa amb algunes monedes d'or. Voldria seguir tenint sort, i com que crec que tots els homes comparteixen aquest desig, proposo que parlem sobre com atreure la fortuna, per descobrir així els mitjans que podem fer servir per seduir-la.

—Un tema molt interessant –va dir Arkad–. Realment, molt oportú. Per a alguns, la sort només arriba per atzar, com un accident que pot caure sobre qualsevol persona. D'altres creuen que la creadora de la bona sort és la benèvola deessa

Ishtar, sempre disposada a recompensar els seus elegits amb generosos dons. Què en penseu, amics?, hem d'intentar descobrir els mitjans per atraure la fortuna i convertir-nos nosaltres en els afortunats?

—Sí, sí! –respongueren impacients els oients, que cada vegada eren més nombrosos.

—Per començar –prosseguí Arkad–, escoltem aquells que, com el teixidor, hagin trobat o rebut, sense esforç propi, algun tresor o joia de valor.

Durant un instant de silenci, tots es miraren, esperant que algú respongués. Però ningú no ho va fer.

—Què passa? –va dir Arkad–. Llavors, és realment rar tenir aquesta mena de sort. Qui vol suggerir com podem continuar la nostra investigació?

—Jo –respongué un home jove i ben vestit, tot aixecant-se–. Quan un home parla de la sort, no és natural que pensi en les sales de joc? No és allà, precisament, on els homes busquen els favors de la deessa i esperen que els beneeixi amb grans guanys?

—No t'aturis –cridà algú en veure que el jove tornava a seure–. Continua amb la teva història. Digues-nos si la deessa t'ha ajudat a les sales de joc. Ha fet que els daus caiguessin al teu favor o ha permès que el crupier recollís les monedes que tant t'han costat de guanyar?

—No em fa res admetre que ella no semblava adonar-se que jo hi era –va respondre el jove, sumant-se a les rialles generals–. I vosaltres? L'heu trobada esperant-vos per fer que els daus rodessin al vostre favor? Desitgem escoltar i aprendre.

—Un bon començament –intervingué Arkad–. Som aquí per examinar tots els aspectes de la qüestió. Ignorar el joc seria oblidar un instint comú en gairebé tots els homes: la temptació d'arriscar una petita quantitat de diners tot esperant-ne un gran guany.

—Això em recorda les curses de cavalls d'ahir –va cridar un altre dels assistents–. Si la deessa freqüenta les sales de joc, segur que no deixa de visitar les curses, amb aquells carros daurats i cavalls escumosos. És un gran espectacle. Digueu-nos sincerament, Arkad, ahir la deessa no us va xiuxiuejar a l'orella que apostéssiu pels cavalls grisos de Nínive? Jo era just darrere vostre i no em podia creure el que sentia quan us vaig veure apostar per ells! Sabeu tan bé com nosaltres que no hi ha cap coble a tota Assíria capaç d'arribar abans a la meta que les nostres estimades eugues en una cursa honesta.

»És que potser la deessa us va advertir que el cavall negre de l'interior ensopegaria a la darrera corba i que això faria perdre les nostres eugues i donar la victòria als grisos tot i que no la mereixien?

Arkad va somriure amb indulgència.

—Per què pensem –va dir– que la deessa de la fortuna s'interessaria per les apostes d'un home en una cursa de cavalls? Jo la veig com una deessa d'amor i de dignitat, que s'alegra d'ajudar els necessitats i de recompensar aquells que ho mereixen. No la cerco a les sales de joc ni a les curses, on es perd més or del que es guanya, sinó en altres llocs on les accions dels homes són més valentes i dignes de recompensa.

»El pagès, el comerciant honrat, els homes de qualsevol ofici, tots tenen oportunitats de treure profit del propi esforç. Pot ser que no sempre en rebin la recompensa, perquè el seu judici no sigui encertat o perquè el temps i el vent frustrin els seus esforços, però si persisteixen, poden esperar obtenir benefici, ja que augmenten les seves possibilitats d'èxit.

»En canvi –va continuar Arkad–, l'home que arrisca en el joc està en una situació inversa, perquè les possibilitats de guanyar afavoreixen sempre el propietari del lloc. El joc existeix perquè el seu amo en tregui profit. És el seu negoci, i espera obtenir grans beneficis de les monedes que els jugadors hi arrisquen. Pocs jugadors tenen consciència que les seves possibilitats són incertes, mentre que els guanys del propietari estan garantits.

»Examinem, per exemple, les apostes als daus. Quan els llancem, sempre apostem sobre la cara que quedarà visible. Si surt la vermella, el cap de taula paga quatre vegades l'aposta; però si apareix una de les altres cinc cares, perdem el que hem jugat. Així doncs, els càlculs demostren que, per cada tirada, tenim cinc possibilitats de perdre i només quatre de guanyar, ja que el premi és quatre per u. En una sola nit, el cap de taula pot esperar quedar-se una moneda de cada cinc que hagi apostat. Es pot esperar guanyar de manera constant quan les regles estan fetes perquè el jugador perdi una cinquena part de tot el que hi juga?

—Però a vegades hi ha homes que guanyen grans sumes –digué espontàniament un dels assistents.

—És cert, això passa –continuà Arkad–. Me n'adono, però em pregunto si els diners que s'aconsegueixen així aporten algun benefici durador a aquells a qui la fortuna somriu d'aquesta manera. Conec molts homes de Babilònia que han prosperat en els negocis, però no en conec cap que hagi triomfat gràcies al joc.

»Vosaltres, que avui sou aquí reunits, coneixeu molts ciutadans rics. Seria interessant saber quants d'ells han fet fortuna a les sales de joc. Què us sembla si cadascú diu el que sap?

Es va fer un llarg silenci.

—Incloem també els propietaris de les cases de joc? —va aventurar un dels presents.

—Si no podeu pensar en ningú més —va respondre Arkad—, i no us ve cap nom al cap, parleu de vosaltres mateixos. Hi ha algú entre vosaltres que guanyi regularment apostant i que recomani aquesta font de beneficis?

Entre rialles, al fons de la sala es van sentir murmuris i remucs.

—Sembla, doncs —continuà Arkad—, que no busquem la fortuna en aquests llocs, encara que la deessa els visiti sovint. Explorem, aleshores, altres camins. No hem trobat sacs de monedes perdudes ni hem vist la deessa a les sales de joc, i pel que fa a les curses, he de confessar-vos que hi he perdut molt més del que hi he guanyat.

»Analitzem ara, amb detall, les nostres professions i els negocis. No és cert que quan fem una bona operació, no la considerem un cop de sort sinó la justa recompensa pels nostres esforços? De vegades penso que passem per alt els dons de la deessa: potser ens ajuda sense que nosaltres sapiguem reconèixer la seva generositat. Qui podria parlar-nos d'això?

En aquell moment, un comerciant ja entrat en anys s'aixecà i s'allisà les robes blanques.

—Amb el vostre permís, honorable Arkad i estimats amics, voldria fer-vos una reflexió. Si, com dieu, atribuïm els nostres èxits professionals a la pròpia habilitat i a l'esforç, per què no hauríem de considerar també com a exemples de fortuna aquells èxits que gairebé hem tingut però que se'ns han escapat? Haurien estat grans mostres de sort, si s'haguessin arribat a fer realitat. No podem anomenar-los «recompenses justes» perquè no s'han complert, però potser alguns aquí presents poden explicar-nos experiències semblants.

—Aquesta és una reflexió sàvia –va comentar Arkad–. Qui de vosaltres ha tingut la fortuna a l'abast de la mà i l'ha vista escapar-se de seguida?

Es van aixecar diverses mans; entre elles, la del comerciant. Arkad li va fer un gest perquè parlés.

—Ja que has proposat tu aquesta discussió, ens agradaria sentir-te el primer.

—Amb molt de gust –respongué el comerciant–. Us explicaré un fet que vaig viure i que ens servirà d'exemple per mostrar com la sort pot acostar-se a un home i, tot i així, com ell la pot deixar escapar de les mans sense voler-ho.

»Fa molts anys, quan era jove, acabat de casar i em començava a guanyar bé la vida, el meu pare va venir a veure'm per dir-me que havia d'invertir urgentment. El fill d'un dels seus bons amics havia descobert una zona de terra erma, no gaire lluny de les muralles de la ciutat i situada vora un canal on no arribava prou aigua.

»El fill de l'amic del meu pare ideà un pla per comprar aquell terreny i construir-hi tres grans rodes que, mogudes per bous, portarien aigua i donarien vida a aquell sòl infèrtil. Un cop fos fèrtil, planejava dividir-lo i vendre'n les parcel·les als ciutadans per convertir-les en jardins.

»Però aquell jove no tenia prou or per dur a terme el projecte. Era un home treballador que es guanyava la vida bé, com jo. El seu pare, igual que el meu, tenia una gran família i pocs recursos. Per això va decidir reunir un grup de dotze homes amb bones rendes, cadascun dels quals invertiria una dècima part dels seus guanys en el negoci fins que la terra estigués preparada per a la venda. Després, tots es repartirien els beneficis de manera proporcional a la seva aportació.

»«Fill meu», em va dir el pare, «ara ja ets un home. Desitjo profundament que comencis a adquirir uns béns que et permetin viure amb benestar i obtenir el respecte dels altres. Voldria que aprofitessis les meves experiències i els meus errors».

»«M'agradaria molt, pare», li vaig respondre.

»«Aleshores, et donaré un consell: fes el que jo hauria d'haver fet a la teva edat. Reserva't la dècima part dels guanys per fer inversions. Amb aquesta part i amb el que et proporcionarà, abans d'arribar a la meva edat hauràs acumulat una bona suma».

»«Pare, parleu amb saviesa. Desitjo de tot cor posseir riqueses, però gasto el que guanyo en moltes coses i no sé si podré fer el que em recomaneu. Encara soc jove. Tinc temps».

»«Jo pensava igual a la teva edat, però els anys han transcorregut i encara no he començat a acumular béns», em respongué.

»«Vivim en una altra època, pare. No repetiré els vostres errors».

»«Se't presenta una oportunitat única, fill meu. És una ocasió que pot fer-te ric. Et prego que no t'entretinguis. Ves demà mateix a veure el fill del meu amic i acorda amb ell invertir la dècima part del que guanyes en aquesta empresa. Fes-ho sense dilació, abans que perdis l'oportunitat que avui tens a l'abast i que aviat desapareixerà. No esperis».

»Tot i el consell del meu pare, vaig dubtar. Els comerciants de l'Est acabaven d'arribar amb teles d'una bellesa i riquesa excepcionals, i la meva dona i jo havíem decidit comprar-ne almenys una per a cadascun de nosaltres. Si hagués invertit la dècima part dels meus guanys en aquell projecte, ens hauríem hagut de privar d'aquelles robes i d'altres plaers. No em vaig decidir a temps… i va ser una mala idea. L'empresa resultà molt més rendible del que ningú hauria pogut imaginar. Aquesta és la meva història, i mostra com vaig permetre que la fortuna se m'escapés de les mans.

—En aquesta història veiem que la sort espera i arriba a l'home que sap aprofitar l'oportunitat –comentà un home del desert, de pell morena–. Sempre hi ha d'haver un primer moment en què s'adquireixen béns: poden ser unes quantes monedes d'or o de plata que un home obtingui dels guanys de la seva primera inversió. Jo mateix posseeixo diversos ramats. Vaig començar a adquirir animals quan era un nen, en canviar un vedell jove per una moneda de plata. Aquell gest, que simbolitzava l'inici de la meva riquesa, va tenir una gran importància per a mi. Tota la sort que un home necessita s'ha de concentrar en aquesta primera adquisició de béns. Per a qualsevol home, el primer pas és el més decisiu, perquè converteix qui viu del seu treball en algú que obté dividends del seu or. Els que aprofiten l'oportunitat quan són joves acostumen a tenir més èxit econòmic que aquells que ho fan tard o, pitjor encara, que mai no troben l'ocasió, com el pare d'aquest comerciant.

»Si el nostre amic comerciant hagués fet aquell primer pas quan era jove i se li presentà la possibilitat, ara seria un home ric. I si la fortuna del nostre amic teixidor l'hagués empès a fer aquell pas en el seu moment, potser hauria estat el començament d'una sort més gran.

—Jo també voldria parlar –va dir un estranger, aixecant-se–. Soc sirià i no parlo gaire bé el vostre idioma. Voldria definir d'alguna manera aquest amic comerciant. Potser pensareu que soc descortès per voler anomenar-lo així, però, malauradament, no conec la paraula exacta en la vostra llengua. Si ho dic en la meva llengua, no m'entendreu. Llavors, si us plau, digueu-me: com anomeneu un home que triga a fer allò que li convé?

—Un procrastinador! –cridà un dels assistents.

—Exactament! –exclamà el sirià tot agitant les mans i visiblement excitat–. És un home que no aprofita l'oportunitat quan se li presenta. Espera. Diu: «Estic molt ocupat. Ja ho faré demà…». Però l'oportunitat no espera els lents, perquè sap que si un home desitja la fortuna, ha d'actuar amb rapidesa. Els que no reaccionen amb celeritat quan se'ls presenta la sort són grans procrastinadors, com el nostre amic comerciant.

El comerciant es va aixecar i va fer una reverència amb naturalitat, com a resposta a les rialles.

—T'admiro, estranger. Has entrat al nostre cercle i no has dubtat a dir la veritat.

—I ara escoltem una altra història. Qui té una altra experiència per compartir? –preguntà Arkad.

—Jo en tinc una –va respondre un home de mitjana edat, vestit amb una túnica vermella–. Soc comprador d'animals: sobretot de camells i cavalls, però a vegades també de bens i cabres. La història que us explicaré mostra com la fortuna va venir just quan menys l'esperava, i potser per això la vaig deixar escapar. Jutgeu-ho vosaltres mateixos.

»Quan tornava a la ciutat, una tarda, després d'un viatge esgotador de deu dies a la recerca de camells, em va molestar molt trobar les portes de la ciutat tancades amb forrellat. Mentre els meus esclaus muntaven la tenda perquè hi passéssim la nit (amb poca aigua i gairebé sense menjar), un vell granger que també s'havia quedat fora se'm va acostar.

»«Honorable senyor», em digué, «sembles comprador de bestiar. Si és així, voldria vendre't el meu excel·lent ramat d'ovelles. Malauradament, la meva dona està molt malalta, té febre, i he de tornar de seguida a casa. Si em compres el ramat, els meus esclaus i jo podrem fer el viatge de tornada a lloms dels camells sense perdre temps».

»Era tan fosc que no podia veure el ramat, però pels bels vaig saber que era gran. Em va alegrar fer-hi negoci, ja que havia perdut deu dies buscant camells sense èxit. Em demanava un preu raonable, i com que estava impacient, el vaig acceptar, convençut que els meus esclaus podrien travessar les portes de la ciutat al matí, vendre el ramat i obtenir-ne un bon benefici.

»Tanmateix, abans de tancar el tracte, vaig demanar de veure el ramat. Ell em va assegurar que tenia nou-centes ovelles, però que era gairebé impossible comptar-les: estaven esgotades, assedegades i inquietes.

»«Les comptarem demà amb la llum del dia», li vaig dir, «i aleshores et pagaré».

»«Si us plau, honorable senyor», em suplicà el granger, «pagueu-me almenys dues terceres parts del preu aquesta nit. Així podré marxar de seguida. Deixaré amb vós el meu esclau més intel·ligent i lleial, ell us ajudarà a comptar les ovelles i us lliurarà el canvi que resti».

»Però jo vaig ser tossut i vaig rebutjar de pagar-ho aquella mateixa nit. Al matí següent, abans que em despertés, les portes de la ciutat ja s'havien obert, i quatre compradors de bestiar es llançaren a cercar ovelles. Eren impacients i acceptaren de pagar un preu alt, ja que la ciutat estava assetjada i el menjar escassejava. El vell granger va vendre el seu ramat per gairebé el triple del que m'havia demanat a mi. Vaig perdre una gran ocasió.

—Aquesta és una història extraordinària –comentà Arkad–. Què us suggereix?

—Que cal pagar immediatament quan estem convençuts que un negoci és bo –va suggerir un vell fabricant de selles de muntar–. Si una oportunitat és bona, cal protegir-nos tant de la nostra pròpia vacil·lació com dels altres. Els homes som canviants, i sovint canviem d'opinió més fàcilment quan tenim raó que quan ens equivoquem, que és just quan ens mostrem més tossuts. Quan tenim raó, tendim a dubtar i deixem escapar l'ocasió. La meva primera intuïció sempre és la millor; però m'ha costat anys obligar-me a actuar ràpidament. Per protegir-me d'aquesta debilitat, sempre dono una paga o un dipòsit d'immediat, així m'asseguro de no penedir-me després d'haver deixat escapar una bona oportunitat.

—Gràcies –digué el sirià, tornant a aixecar-se–. Totes aquestes històries s'assemblen. La fortuna sempre s'escapa per la mateixa raó. Al procrastinador sempre li sorgeix un pla millor; i sempre dubta, espera, i diu: «Ja ho faré demà». Com pot tenir èxit un home així?

—Les teves paraules són sàvies, amic –respongué el comprador–. La sort s'ha allunyat del procrastinador en dues ocasions, però això no és res extraordinari. Tots els homes tenim la mania d'ajornar les coses. Desitgem riquesa, però quantes vegades, la mania d'esperar ens fa ajornar la decisió, quan se'ns presenta l'oportunitat? En cedir, ens convertim en el nostre pitjor enemic.

»Quan era més jove, no coneixia aquesta paraula que tant agrada al nostre amic de Síria. Al principi pensava que es perdien bons negocis per falta de judici. Més tard, vaig creure que era una qüestió de tossuderia. Finalment, vaig reconèixer de què es tractava: el costum d'endarrerir inútilment una decisió ràpida, una acció necessària i decisiva. Vaig arribar a detestar aquest costum quan en vaig descobrir la veritable naturalesa. Amb l'amargor d'un ase salvatge lligat a un carro, vaig trencar les cadenes d'aquest hàbit i vaig treballar per triomfar.

—Gràcies. Voldria fer una pregunta al comerciant –digué el sirià–. La seva vestimenta no és pas la d'un home pobre. Parla com algú que ha tingut èxit. Digueu-nos: encara sucumbiu davant la mania d'ajornar les coses?

—Igual que el nostre amic comprador, també he reconegut i vençut aquesta tendència –va respondre el comerciant–. Per a mi, ha estat un enemic temible, sempre a l'aguait, esperant el moment oportú per frustrar els meus propòsits. La història que he narrat és només un dels molts exemples que podria donar per tal de mostrar com he deixat escapar bones oportunitats. Aquest enemic es pot dominar fàcilment un cop reconegut. Cap home permet voluntàriament que un lladre li robi les reserves de gra, i tampoc que un competidor li prengui els clients. Quan vaig comprendre que la procrastinació era el meu pitjor enemic, la vaig vèncer amb determinació. Així mateix, tots els homes han de dominar aquesta inclinació abans de pensar a compartir els rics tresors de Babilònia.

—Què en penseu vós, Arkad? Vós, que sou l'home més ric de Babilònia, i a qui molts també consideren el més afortunat, esteu d'acord que cap home pot aconseguir un èxit complet mentre no hagi superat del tot la seva mania de procrastinar?

—És cert –admeté Arkad–. Al llarg de la vida he conegut molts homes que han recorregut les llargues avingudes de la ciència i del coneixement que duen a l'èxit. A tots se'ls han presentat bones ocasions. Alguns les van aprofitar de seguida i així pogueren satisfer els seus desitjos més profunds. Però molts altres van dubtar i es feren enrere.

Arkad es mirà el teixidor.

—Ja que has estat tu qui ha proposat el debat sobre la fortuna, digues què n'opines ara.

—Ara veig la sort sota una nova llum. Creia que era una cosa desitjable que podia arribar a qualsevol home sense esforç. Ara sé que no és un esdeveniment que hom pugui provocar. He après, gràcies a la nostra discussió, que *per atreure la sort cal aprofitar immediatament les oportunitats quan se'ns presenten.* Per això, en el futur procuraré treure el màxim profit possible de totes les ocasions que se m'ofereixin.

—Has entès molt bé la veritat a la qual hem arribat —va respondre Arkad—. La sort adopta sovint la forma d'una oportunitat, però poques vegades se'ns manifesta d'una altra manera. El nostre amic comerciant hauria estat molt afortunat si hagués acceptat l'ocasió que la deessa li brindava. El nostre amic comprador també hauria pogut aprofitar la seva sort si hagués completat la compra del ramat i l'hagués venut amb benefici.

»Hem continuat aquesta discussió per descobrir com aconseguir que la sort ens somrigui, i crec que anem pel bon camí. En les dues històries hem vist que la fortuna pren la forma d'oportunitat. D'això es desprèn una veritat que no canviarem, per moltes històries que expliquem: *la sort us pot somriure si sabeu aprofitar les ocasions que se us presenten.*

»Els que s'afanyen a aprofitar les oportunitats i a treure'n el màxim rendiment atreuen l'atenció de la bona deessa. Sempre s'afanya a ajudar aquells que li són del seu grat. Li agraden, sobretot, els homes d'acció.

«L'acció et conduirà cap a l'èxit que desitges».

A L'HOME D'ACCIÓ LI SOMRIU LA DEESSA DE LA FORTUNA.

5. Les cinc lleis de l'or

—Si poguessis escollir entre un sac ple d'or i una tauleta d'argila on hi haguessin gravades unes paraules plenes de saviesa, què triaries?

A la llum vacil·lant d'una foguera alimentada amb mates del desert, els rostres foscos dels oients brillaven, animats per l'interès.

—L'or! L'or! –van respondre a l'uníson els vint-i-set presents.

El vell Kalabab, que ja havia previst aquella resposta, somrigué.

—Ah! –exclamà amb la mà alçada–. Escolteu els gossos salvatges a la llunyania, en la nit. Udolen i gemeguen perquè la fam els rosega les entranyes. Però doneu-los menjar i mireu què fan: es barallen i s'enorgulleixen, i després continuen barallant-se i enorgullint-se, sense preocupar-se de l'endemà.

»Exactament igual que els fills dels homes. Feu-los escollir entre l'or i la saviesa: què fan? Ignoren la saviesa i malgasten l'or. A l'endemà, gemeguen perquè ja no tenen or.

»L'or està reservat per aquells que en coneixen les lleis i les obeeixen.

El Kalabab es cobrí les cames primes amb la túnica blanca, ja que la nit era freda i el vent bufava amb força.

—Com que m'heu servit fidelment durant el nostre llarg viatge, com que heu cuidat bé els meus camells, com que heu treballat durament sense queixar-vos metre travessàvem les arenes del desert i com que us heu enfrontat amb valentia als lladres que volien prendre'm els béns, aquesta nit us explicaré la història de les cinc lleis de l'or, una història com mai cap altra heu sentit.

»Escolteu-me bé! Pareu molta atenció a les meves paraules, compreneu-ne el significat i recordeu-les per al futur, si voleu posseir molt or.

Va fer una pausa solemne. Les estrelles lluïen amb força a la volta del cel. Darrere del grup es distingien les tendes esblaimades, fermament lligades per prevenir les possibles tempestes de sorra.

Al costat, els farcells de mercaderies recoberts de pells estaven correctament apilats; allà a prop, alguns camells jeien a la sorra i rumiaven satisfets mentre d'altres roncaven amb un so greu i profund.

—Ja ens has contat diverses històries interessants, Kalabab —va dir en veu alta el cap de la caravana—. En tu veiem la saviesa que ens guiarà quan deixem de servir-te.

—Us he narrat les meves aventures en terres llunyanes i estrangeres —respongué el Kalabab—, però aquesta nit us parlaré de la saviesa d'Arkad, l'home savi i ric.

—Hem sentit a parlar molt d'ell —va reconèixer el cap de la caravana—, era l'home més ric que mai hagi viscut a Babilònia.

—Era el més acabalat perquè feia servir l'or amb més saviesa que cap altre. Aquesta nit us parlaré de la seva gran saviesa tal com el Nomasir, el seu fill, me l'explicà a mi ara fa molts anys a Nínive, quan jo no era més que un jove aprenent.

»El meu mestre i jo ens havíem quedat fins ben entrada la nit al palau de Nomasir. L'havia ajudat a portar els grans rotlles de catifes sumptuoses que havíem d'exhibir perquè ell triés les que més li agradessin. Finalment, satisfet, ens convidà a seure amb ell i a beure un vi perfumat i fort, al qual jo no estava gens avesat.

»Llavors ens contà la història de la gran saviesa del seu pare, Arkad, la mateixa que jo us explicaré ara.

»Segons un dels costums de Babilònia, els fills dels rics vivien amb els pares fins a rebre l'herència. Però Arkad no aprovava aquest costum. Així doncs, quan el Nomasir arribà a l'edat de reclamar-la, el pare li digué:

»«Fill meu, vull que heretis els meus béns. Però primer has de demostrar que ets capaç d'administrar-los amb saviesa. Per tant, vull que viatgis pel món i demostris la teva capacitat per guanyar or i guanyar-te el respecte dels homes».

»«Per tal que comencis amb bon peu, et donaré dues coses que jo no tenia quan vaig començar la meva fortuna, ja que era un jove pobre».

»«En primer lloc, et dono aquest sac d'or. Si l'utilitzes amb seny, construiràs els fonaments del teu èxit».

»«En segon lloc, et dono aquesta tauleta d'argila on hi ha gravades les cinc lleis de l'or. Només seràs realment savi si les poses en pràctica en els teus propis actes».

»«D'aquí a deu anys tornaràs a la casa del teu pare i em donaràs compte de les teves accions. Si has demostrat el teu valor, heretaràs els meus béns. Si no, els donaré als sacerdots perquè preguin per la meva ànima i pugui guanyar el favor dels déus».

»Així doncs, el Nomasir va marxar per tal de viure les seves pròpies experiències, no sense endur-se el sac d'or, la tauleta embolicada curosament amb seda, el seu esclau i els seus cavalls.

»Els deu anys van transcórrer ràpidament i, tal com s'havia convingut, el Nomasir tornà a la casa del seu pare. Arkad va organitzar un gran banquet en honor seu, al qual convidà amics i parents. Un cop acabada la festa, el pare i la mare s'instal·laren als seus seients, semblants a trons, i el Nomasir es col·locà davant d'ells per retre'ls comptes, tal com havia promès.

»Era de nit. El fum de les llànties d'oli flotava a la sala i la il·luminava tènuement. Els esclaus, vestits amb túniques blanques, ventaven l'aire humit amb llargues fulles de palma. Era una escena solemne. Impacients per escoltar-lo, la seva esposa, els dos fills petits, amics i familiars s'assegueren sobre les catifes darrere seu.

»«Pare», començà el Nomasir amb respecte. «M'inclino davant la vostra saviesa. Fa deu anys, quan em trobava a les portes de l'edat adulta, em vau ordenar que marxés i em fes home entre els homes, en lloc de continuar sent només un aspirant a la vostra fortuna».

»«Em vau donar molt d'or i molta saviesa. Per desgràcia, haig d'admetre, tot i el meu gran pesar, que vaig administrar molt malament l'or que em confiàreu. Se'm va escórrer entre els dits, i certament per falta d'experiència, com una llebre salvatge que s'escapa a la primera oportunitat davant el jove caçador que l'ha capturada».

»El pare somrigué amb indulgència.

»«Continua, fill meu, la teva història m'interessa fins al més mínim detall».

»«Vaig decidir anar a Nínive, perquè era una ciutat pròspera, amb l'esperança de trobar bones oportunitats allà. Em vaig unir a una caravana i hi vaig fer molts amics. Dos homes, coneguts per posseir el cavall blanc més bell i tan ràpid com el vent, en formaven part».

»«Durant el viatge, em van explicar que a Nínive hi havia un home que tenia un cavall tan veloç que mai no l'havien vençut en cap cursa. El seu amo estava convençut que cap altre cavall al món podia superar-lo, i estava disposat a apostar qualsevol quantitat, per elevada que fos, que el seu cavall podia guanyar a qualsevol altre de Babilònia. Els meus amics deien que, en comparació amb el seu propi cavall, aquell altre semblava un ase miserable, fàcil de vèncer».

»«Em van oferir, com a gran favor, la possibilitat d'unir-me a ells en l'aposta. Jo estava entusiasmat amb aquell projecte tan emocionant...».

»«El nostre cavall va perdre i jo em vaig quedar sense gran part del meu or». «El pare va riure. Més tard vaig descobrir que tot era un pla fraudulent organitzat per aquells homes, que viatjaven constantment en caravanes a la recerca de noves víctimes. Com podeu suposar, l'home de Nínive era el seu còmplice i compartia amb ells els guanys de les apostes. Aquella trampa fou la primera lliçó de desconfiança que vaig rebre».

»«Aviat en rebria una altra, tan amarga com la primera. A la caravana hi havia un jove amb qui havia fet amistat. Era fill de pares rics, com jo, i es dirigia a Nínive per col·locar-se en una bona situació. Poc després de la nostra arribada, em comentà que un ric comerciant havia mort i que la seva botiga, la seva valuosa mercaderia i la seva clientela eren al nostre abast per un preu molt raonable. Em digué que podríem ser socis a parts iguals, però que primer havia de tornar a Babilònia per dipositar els seus diners en un lloc segur; em va convèncer perquè comprés la mercaderia amb el meu or».

»«Va ajornar el seu viatge a Babilònia, i resultà ser un comprador poc prudent i malgastador. Finalment me'n vaig desfer, però el negoci havia empitjorat tant que, excepte algunes mercaderies invendibles, ja no quedava gairebé res i jo no tenia més or per comprar-ne d'altres. Vaig malvendre el que quedava a un israelita per una suma irrisòria».

»«Els dies que van seguir foren amargs, pare. Vaig buscar feina, però no en vaig trobar perquè no tenia cap ofici ni professió que em permetés guanyar diners. Em vaig vendre els cavalls. Vaig vendre'm l'esclau. Vaig vendre la roba de recanvi per poder comprar alguna cosa per menjar i un lloc on dormir, però la fam es feia sentir cada cop més».

»«Durant aquells dies de misèria, vaig recordar la confiança que havíeu posat en mi, pare. M'havíeu enviat a l'aventura perquè em fes un home, i estava decidit a aconseguir-ho». La mare amagà el rostre i plorà tendrament. «En aquell moment, vaig recordar la tauleta que m'havíeu donat i en la qual havíeu gravat les cinc lleis de l'or. Aleshores vaig llegir amb molta atenció les vostres paraules de saviesa i comprendre que, si primer hagués buscat la saviesa, no hauria perdut tot l'or. Vaig memoritzar totes les lleis i decidir que, quan la deessa de la fortuna em tornés a somriure, em deixaria guiar per la saviesa de l'edat i no per una joventut inexperta».

»«En benefici dels que hi ha asseguts aquí, llegiré les paraules de saviesa que el meu pare va fer gravar a la tauleta d'argila que em donà fa deu anys».

Les cinc lleis de l'or

I. L'or acudeix fàcilment i en quantitats sempre importants a l'home que es reserva almenys una desena part dels guanys per crear un bé en previsió del seu futur i del de la família.

II. L'or treballa amb diligència i de manera rendible per al posseïdor savi que li troba un ús profitós, multiplicant-se fins i tot com els ramats als camps.

III. L'or roman sota la protecció del posseïdor prudent que l'inverteix segons els consells d'homes assenyats.

IV. L'or s'escapa de l'home que inverteix sense cap propòsit en empreses que no li són familiars o que no compten amb l'aprovació d'aquells que coneixen la manera d'utilitzar-lo.

V. L'or fuig de l'home que el força a uns guanys impossibles, que segueix el consell seductor de defraudadors i estafadors o que confia en la pròpia inexperiència i en intencions d'inversió romàntiques.

»«Aquestes són les cinc lleis de l'or tal com el meu pare les va escriure. Afirmo que són molt més valuoses que el mateix or, com demostra la continuació de la meva història».

»«Us he parlat de la gran pobresa i de la desesperació a què m'havia conduït la meva inexperiència», digué, mirant de nou el seu pare.

»«Tanmateix, no hi ha mal que cent anys duri. El final de les meves desventures va arribar quan vaig trobar una feina: la de capatàs d'un grup d'esclaus que treballaven en la construcció de la nova muralla que havia de rodejar la ciutat».

»«Com que coneixia la primera llei de l'or, vaig poder aprofitar aquella oportunitat: vaig reservar una peça de coure dels meus primers guanys, afegint-n'hi una altra sempre que podia, fins a aconseguir una moneda de plata. Era un procés lent, ja que havia de cobrir les meves necessitats. Admeto que gastava amb mesura, perquè estava decidit a reunir tant d'or com m'havíeu donat, pare, i abans que haguessin passat deu anys».

»«Un dia, el cap dels esclaus, amb qui havia fet força amistat, em va dir: "Sou un jove estalviador que no malgasta a tort i a dret tot el que guanya. Teniu or reservat que no us estigui donant cap rendiment?"».

»«"Sí", li vaig respondre. "El meu desig més gran és acumular or per substituir el que el meu pare em donà i que vaig perdre"».»«"És una ambició molt noble. Sabíeu que l'or que heu estalviat pot treballar per vós i fer-vos guanyar encara més or?"».

»«"Ai!", li vaig dir. "La meva experiència ha estat molt dura, perquè tot l'or del meu pare ha desaparegut, i temo que em passi el mateix amb el meu"».

»«"Si confieu en mi, us donaré un consell profitós sobre la manera d'utilitzar l'or", replicà ell. "D'aquí a un any, la muralla que envoltarà la ciutat estarà acabada i preparada per rebre les grans portes centrals de bronze destinades a protegir la ciutat dels enemics del rei. En tota Nínive no hi ha prou metall per fabricar aquestes portes, i el rei no ha pensat a aconseguir-ne. Aquest és el meu pla: uns quants de nosaltres reunirem el nostre or per enviar una caravana a les llunyanes mines de coure i d'estany i portar a Nínive el metall necessari per tal de fabricar les portes. Quan el rei ordeni que es facin, nosaltres serem els únics que podrem proporcionar-li el metall, i ens el pagarà a bon preu. Si el rei no ens el compra, sempre podrem revendre'l a un preu raonable"».

»«En aquesta oferta vaig reconèixer una oportunitat i, fidel a la tercera llei, vaig invertir els meus estalvis seguint el consell d'homes savis. Tampoc no vaig patir cap decepció... Els nostres fons comuns foren un èxit, i la meva quantitat d'or augmentà considerablement gràcies a aquesta transacció».

»«Amb el temps, m'acceptaren com a membre del mateix grup d'inversors per a altres empreses. Aquells homes eren savis a l'hora d'administrar l'or de manera profitosa. Estudiaven amb molta cura tots els projectes que se'ls presentaven abans de dur-los a terme. No s'arriscaven a perdre el capital ni a immobilitzar-lo en inversions poc rendibles que no haurien permès recuperar l'or. Empreses insensates com la cursa de cavalls i l'associació en què havia participat per culpa de la meva inexperiència ni tan sols haurien merescut la seva consideració. Ells haurien detectat immediatament els perills d'aquests negocis. Gràcies a la meva associació amb aquells homes, vaig aprendre a invertir el meu or amb seguretat perquè em produís beneficis. Amb el pas dels anys, el meu tresor creixia cada vegada més de pressa. No només he recuperat el que havia perdut, sinó que n'he guanyat molt més».

»«Al llarg de les meves experiències, he passat per desgràcies, intents i èxits, i he posat a prova repetidament la saviesa de les cinc lleis de l'or, pare, i s'han revelat justes en totes les ocasions. A aquell que no coneix les cinc lleis de l'or, l'or no se li acosta i s'esfuma ràpidament. Però a aquell que les segueix, l'or se li aproxima i treballa per a ell com un esclau fidel!».

»El Nomasir deixà de parlar i feu un senyal a un esclau que es trobava al fons de la sala. L'esclau va portar, d'un en un, tres feixucs sacs de cuir. El Nomasir n'agafà un i el deixà a terra davant del seu pare; s'hi adreçà un cop més.

»«M'havíeu donat un sac d'or, d'or de Babilònia. Per reemplaçar-lo, us retorno un sac d'or de Nínive del mateix pes. Tothom deu estar d'acord que és un intercanvi just».

»«M'havíeu donat una tauleta d'argila que duia saviesa gravada. A canvi, us dono dos sacs d'or».

»Tot dient això, agafà els altres dos sacs de les mans de l'esclau i, igual que havia fet amb el primer, els col·locà davant del seu pare.

»«Això és per mostrar-vos, pare, que considero molt més valuosa la vostra saviesa que no pas el vostre or. Però qui pot mesurar en sacs d'or el valor de la saviesa? Sense saviesa, aquells que posseeixen or el perden ràpidament; però gràcies a la saviesa, aquells que no tenen or poden aconseguir-ne, tal com demostren aquests tres sacs».

»«És una gran satisfacció per a mi, pare, poder estar davant vostre i dir-vos que, gràcies a la vostra saviesa, he arribat a ser ric i respectat pels homes».

»El pare va posar la mà sobre el cap del Nomasir amb gran afecte.

»«Has après bé la lliçó i, de debò, soc molt afortunat de tenir un fill a qui confiar la meva riquesa».

Un cop finalitzat el relat, el Kalabab va restar en silenci, observant els seus oients amb un aire crític.

—Què en penseu, de la història del Nomasir? –va continuar–. Qui de vosaltres pot anar al seu pare o al sogre i donar compte de la bona administració dels propis ingressos?

»Què pensarien aquests venerables homes si els diguéssiu: «He viatjat i he après molt, he treballat molt i he guanyat molt, però, ai!, tinc poc or. N'he gastat una part amb seny, una altra amb bogeria, i també n'he perdut una altra per imprudència»?

»Encara creieu que la sort és la responsable que alguns homes tinguin molt or i d'altres no en tinguin gens? En aquest cas, us equivoqueu.

»Els homes tenen molt or quan coneixen les cinc lleis de l'or i les respecten.

»Gràcies al fet d'haver après les cinc lleis en la meva joventut i d'haver-les seguit, m'he convertit en un comerciant ric. No he fet fortuna gràcies a cap mena de màgia estranya.

»La riquesa que s'adquireix ràpidament també desapareix ràpidament.

»La riquesa que perdura i proporciona alegria i satisfacció al seu posseïdor creix de manera gradual, perquè és una criatura nascuda del coneixement i la determinació.

»Adquirir béns és una càrrega sense importància per a l'home prudent. Transportar aquesta càrrega any rere any amb intel·ligència permet arribar a l'objectiu final.

»A aquells que respecten les cinc lleis de l'or, se'ls ofereix una rica recompensa.

»Cada una de les cinc lleis és plena de significat i, si no n'heu comprès el sentit durant el meu relat, us les repetiré ara. Me les sé de memòria, perquè de jove vaig constatar-ne el valor i no vaig quedar satisfet fins que les vaig memoritzar.

La primera llei de l'or

L'or acudeix fàcilment i en quantitats sempre importants a l'home que es reserva almenys una desena part dels guanys per crear un bé en previsió del seu futur i del de la família.

»L'home que es reserva regularment la desena part dels guanys i la inverteix amb saviesa segurament crearà una inversió valuosa que li proporcionarà ingressos per al futur i més seguretat per a la seva família si algun dia els déus el criden de nou cap al món de la foscor. Aquesta llei diu que l'or sempre acudeix lliurement a un home així. Jo puc confirmar-ho basant-me en la meva pròpia vida. Com més or acumulo, més or acudeix a mi ràpidament i en quantitats creixents. L'or que estalvio em proporciona més or, igual que ho farà el vostre, i aquests guanys generen altres guanys; així funciona la primera llei.

La segona llei de l'or

L'or treballa amb diligència i de manera rendible per al posseïdor savi que li troba un ús profitós, multiplicant-se fins i tot com els ramats als camps.

»De debò, l'or és un treballador voluntariós. Sempre està impacient per multiplicar-se quan se li presenta una oportunitat. A tots els homes que tenen un tresor d'or guardat se'ls ofereix una ocasió que els permet fer-lo rendible. Amb els anys, l'or es multiplica de manera sorprenent.

La tercera llei de l'or

L'or roman sota la protecció del posseïdor prudent que l'inverteix segons els consells d'homes assenyats.

»L'or s'adhereix al posseïdor prudent, encara que sigui un posseïdor despreocupat. L'home que busca l'opinió d'homes assenyats sobre la manera de negociar amb l'or aprèn ràpidament a no arriscar el seu tresor, a preservar-lo i a veure'l créixer amb satisfacció.

La quarta llei de l'or

L'or s'escapa de l'home que inverteix sense cap propòsit en empreses que no li són familiars o que no compten amb l'aprovació d'aquells que coneixen la manera d'utilitzar-lo.

»A l'home que té or però no té experiència en els negocis, moltes inversions poden semblar-li profitoses. Sovint, aquestes inversions comporten un risc, i els homes savis que les estudien demostren ràpidament que són molt poc rendibles. Així, el posseïdor d'or inexpert que confia en el seu propi criteri i inverteix en una empresa desconeguda descobreix sovint que el seu judici és erroni i paga la inexperiència amb part del seu tresor. Savi és aquell que inverteix els seus tresors seguint els consells d'homes experts en l'art d'administrar l'or.

La cinquena llei de l'or

L'or fuig de l'home que el força a obtenir guanys impossibles, que segueix el consell seductor de defraudadors i estafadors o que confia en la pròpia inexperiència i en intencions d'inversió romàntiques.

»El nou posseïdor d'or sempre es trobarà amb propostes extravagants i que són tan excitants com l'aventura. Donen la impressió d'atorgar poders màgics al seu tresor, que el fan capaç d'aconseguir guanys impossibles; però, en realitat, cal desconfiar-ne: els homes savis coneixen bé els paranys amagats darrere de cada pla que promet obtenir riquesa de manera sobtada.

»Recordeu els homes rics de Nínive, que no s'arriscaven a perdre el seu capital ni a immobilitzar-lo en inversions poc rendibles.

»Aquí finalitza la meva història de les cinc lleis de l'or. En explicar-vos-la, us he revelat els secrets del meu propi èxit.

»Tanmateix, no són secrets, sinó grans veritats que tots els homes han d'aprendre primer i seguir després si volen escapar de la multitud que, com els gossos salvatges, ha de preocupar-se cada dia per la seva ració de pa.

»Demà entrarem a Babilònia. Observeu amb atenció! Mireu la flama eterna que crema al cim del temple de Bel! Ja albirem la ciutat daurada. Demà, cadascun de vosaltres tindrà or, l'or que tant us heu guanyat amb els vostres fidels serveis.

»D'aquí a deu anys, comptant des d'aquesta nit, què podreu dir d'aquest or?

»Entre vosaltres hi ha homes que, com el Nomasir, utilitzaran una part del seu or per començar a acumular béns i que, guiats per la saviesa d'Arkad, d'aquí a deu anys, sens dubte, seran rics i respectats pels homes, com el fill d'Arkad.

»Els nostres actes assenyats ens acompanyen al llarg de tota la vida per servir-nos i ajudar-nos. De la mateixa manera, els nostres actes imprudents ens persegueixen per turmentar-nos, i malauradament no es poden oblidar. Els primers turments que ens persegueixen són els records de les coses que hauríem d'haver fet, de les oportunitats que se'ns presentaren i que no sabérem aprofitar.

»Els tresors de Babilònia són tan grans que cap home no és capaç de calcular-ne el valor en peces d'or. Cada any adquireixen més valor. Com els tresors de tots els països, constitueixen una recompensa, la rica recompensa que espera els homes decidits, resolts a obtenir la part que mereixen.

»La força dels vostres propis desitjos conté un poder màgic. Guieu aquest poder amb el coneixement de les cinc lleis de l'or, i tindreu la vostra part dels tresors de Babilònia.

6. El prestador d'or de Babilònia

Cinquanta monedes d'or! El fabricant de llances de la vella Babilònia mai no havia dut tant d'or a la seva bossa de cuir. Tornava feliç, caminant a grans gambades pel camí reial del palau. L'or tentinejava alegrement dins la bossa que duia penjada cinturó i es movia amb un suau balanceig a cada pas. Era la música més dolça que mai hagués sentit.

Cinquanta monedes d'or! Li costava creure en la seva bona sort. Quin poder que hi havia en aquelles peces que tentinejaven! Podrien procurar-li tot allò que desitgés: una gran casa, terres, un ramat, camells, cavalls, carros..., tot el que volgués.

Què en faria, d'aquell or? Aquella nit, mentre prenia un carrer transversal i apressava el pas cap a casa la seva germana, no podia pensar en res més que en aquelles monedes pesants i lluents que ara li pertanyien.

Uns quants dies després, en pondre's el sol, el Rodan entrà, pertorbat, a la botiga del Maton, un prestador d'or i comerciant de joies i teixits exòtics. Sense parar atenció als atractius articles disposats amb enginy a banda i banda, travessà la botiga i s'endinsà fins a les estances del fons. Hi trobà l'home que buscava: el Maton; ajagut sobre una catifa assaboria el menjar que li havia servit el seu esclau negre.

—Voldria demanar-vos consell –digué el Rodan–, perquè no sé què fer.

El Rodan estava dret amb les cames separades, i sota la jaqueta de cuir entreoberta se li endevinava un pit pelut. La figura prima i pàl·lida del Maton li somrigué amb afabilitat.

—Quines ximpleries deus haver fet per venir a demanar favors al prestador d'or? –preguntà–. Has tingut mala sort en el joc? O potser alguna dona t'ha deixat sense res? Des que et conec, mai no m'havies vingut a demanar ajuda per resoldre els teus problemes.

—No, no és això. No vinc a buscar or. Vinc perquè espero que em pugueu donar un consell assenyat.

—Escolteu, escolteu què diu aquest home! Ningú no ve a veure el prestador d'or per demanar-li consell. Les meves oïdes m'enganyen!

—Hi sentiu bé, Maton –replicà el Rodan.

—Com pot ser? El Rodan, el fabricant de llances, és més astut que ningú. I per això visita el Maton, no per demanar-li or, sinó per demanar-li consell. Molts homes venen a demanar-me or per tal de satisfer els seus capricis, però no volen sentir els meus consells. I, tanmateix, qui millor que un prestador pot aconsellar aquells que recorren a ell?

»Soparàs amb mi, Rodan –continuà el Maton–. Aquesta nit seràs el meu convidat. Ando! –ordenà al seu esclau–, estén una catifa per al meu amic Rodan, el fabricant de llances que ha vingut a demanar-me consell. Serà el meu hoste d'honor. Porta-li molt menjar i el millor vi perquè en gaudeixi.

»Ara, digues-me –afegí–, què és el que et preocupa?

—Es tracta del regal del rei.

—El regal del rei? El rei t'ha fet un regal que et causa problemes? Quina mena de regal és aquest?

—Em va donar cinquanta monedes d'or perquè li va agradar molt el disseny de les noves llances de la guàrdia reial, i ara no sé què fer. Em sento assetjat a totes hores per persones que voldrien compartir-les amb mi.

—És natural –respongué el Maton–. Hi ha molts homes que voldrien tenir més or del que posseeixen i esperen que aquells que l'obtenen amb facilitat el comparteixin amb ells. Però, no pots dir-los que no? No ets prou fort per defensar-te?

—Hi ha molts dies que puc dir que no, però altres vegades és més fàcil dir que sí. És que algú pot negar-se a compartir aquests diners amb la seva germana, a qui se sent tan unit?

—Segurament la teva germana no voldria privar-te de l'alegria de la teva recompensa.

—Però és per amor al seu marit, l'Araman, a qui ella vol veure convertit en un ric mercader. Creu que mai no ha tingut sort i vol que li presti l'or per fer-se pròsper i, després, tornar-me'l amb els beneficis.

—Amic meu –intervingué el Maton–, aquest assumpte que vols discutir és molt interessant. L'or atorga a qui el posseeix una gran responsabilitat i canvia la seva posició social envers els altres. Desperta el temor de perdre'l o de ser enganyat. Fa sentir poder, i permet fer el bé. Tot i això, de vegades les bones intencions poden dur problemes.

»Has sentit mai a parlar del pagès de Nínive que entenia el llenguatge dels animals? No és pas el tipus de faula que els homes expliquen a casa del ferrer. Te la contaré perquè comprenguis que, en l'acte de demanar o de prestar, hi ha molt més que no pas el simple moviment de l'or d'una mà a una altra.

»El pagès, que entenia el que deien els animals entre ells, s'aturava cada nit a escoltar-los. Una nit va sentir que el bou es queixava a l'ase de la duresa del seu destí: «Arrossego l'arada des del matí fins al vespre. Tant se val si fa calor, si estic cansat o si el jou em frega el coll, haig de treballar igualment. En canvi, tu ets una criatura feta per a l'oci. Adornat amb una manta de colors, no tens cap altra feina que portar el nostre amo allà on vol anar. Quan no va enlloc, descanses i pastures tot el dia».

»L'ase, malgrat els seus cascos perillosos, era de bon cor i simpatitzava amb el bou. «Amic meu», li digué, «treballes massa, i m'agradaria alleugerir la teva sort. Et diré com pots tenir un dia de descans. Demà al matí, quan vingui l'esclau a buscar-te per al conreu, estira't a terra i posa't a bramar sense parar perquè digui que estàs malalt i que no pots treballar».

»I així ho feu el bou. L'endemà, quan l'esclau arribà a la granja, digué al pagès que el bou estava malalt i no podia arrossegar l'arada.

»«En aquest cas», digué el pagès, «junyeix l'ase, que la terra s'ha de llaurar igualment».

»Durant tot el dia, l'ase, que només havia volgut ajudar el seu amic, es va veure obligat a fer la feina del bou. A la nit, quan el desenganxaren de l'arada, tenia el cor afligit, les potes cansades i el coll adolorit, perquè el jou li havia irritat la pell.

»El pagès s'acostà al corral per escoltar. El bou parlà primer.

»«Ets un bon amic. Gràcies al teu savi consell, he gaudit d'un dia de descans».

»«I jo, en canvi», respongué l'ase, «soc un cor compassiu que comença ajudant un amic i acaba fent la seva feina. A partir d'ara, arrossegaràs la teva pròpia arada, perquè he sentit que l'amo deia a l'esclau que anés a buscar el carnisser si encara estaves malalt. I espero que ho faci, perquè ets un company gandul».

»Mai més es tornaren a parlar. Allà s'acabà la seva amistat.

»Rodan, pots explicar-me la moral d'aquesta faula?

—És una bona faula –respongué el Rodan–, però no hi veig la moral.

—No esperava que la descobrissis, però n'hi ha una, i ben simple: si vols ajudar el teu amic, fes-ho de manera que després no recaiguin sobre tu les seves responsabilitats.

—No se m'havia acudit això. És una moral molt sàvia. No desitjo carregar amb les responsabilitats de la meva germana i del seu marit. Però digues-me, tu que prestes diners a tanta gent: els que et demanen diners prestats no te'ls tornen?

El Maton somrigué amb aquell gest que només dona l'experiència.

—És que potser seria un bon préstec si no me'l retornessin? No creus que el prestador ha de ser prou astut per jutjar amb precaució si l'or que presta serà útil a qui el demana i si després se li retornarà, o bé si l'or es malgastarà inútilment i deixarà aclaparat a aquell que l'ha demanat, degut a un deute que mai podrà pagar?

»Et mostraré les monedes que tinc al meu cofre i deixaré que et contin algunes històries.

Portà a l'habitació un cofre tan llarg com el seu braç, cobert amb una pell de porc vermella i adornat amb figuretes de bronze. El deixà a terra i s'ajupí al davant amb les dues mans sobre la tapa.

—Exigeixo una garantia a cada persona a qui presto diners, i la guardo dins el cofre fins que me'ls tornen. Quan ho fan, els la retorno. Però si no, aquest dipòsit em recorda per sempre més aquell que m'ha traït.

»El cofre m'ha ensenyat que el més segur és prestar diners a aquells les possessions dels quals valen més que l'or que volen que els presti. Tenen terres, joies, camells o altres béns que poden vendre's com a pagament. Algunes de les peces que em donen valen més que el préstec; d'altres em prometen que se'm cedirà una part de les propietats si no em retornen l'or. Amb aquest tipus de préstecs, m'asseguro que me'l retornaran amb interessos, ja que el préstec es fonamenta en el valor dels béns.

»Hi ha una altra categoria de persones que demanen diners prestats: aquells que poden guanyar-ne. Són com tu: treballen o serveixen i reben un sou; tenen ingressos, són honrats i no tenen mala sort. Sé que ells també poden retornar l'or que els presto i els interessos que em corresponen. Aquests préstecs es basen en l'esforç humà.

»Els altres són els que no posseeixen propietats ni guanyen diners. La vida és dura, i sempre hi haurà gent que no s'hi sabrà adaptar. El meu cofre podria retreure'm més endavant que els hagi prestat diners, encara que sigui menys d'un cèntim, si no fos perquè bons amics d'aquell que me'ls ha demanat me'n garantiran la devolució.

El Maton obrí el pany i aixecà la tapa; el Rodan s'hi acostà amb curiositat. Hi havia un collaret de bronze sobre un drap de color escarlata. El Maton agafà la joia i l'acaronà amb afecte.

—Aquesta peça romandrà sempre dins el meu cofre, ja que el seu propietari és mort. La guardo amb cura i el recordo sovint, perquè era un bon amic. Vam fer molt bons negocis plegats, fins que va portar una dona de l'Est, ben diferent de les d'aquí, amb qui es casà; una criatura enlluernadora. Malgastà tot el seu or per tal de satisfer tots els desitjos d'ella. Quan ja no li'n quedava, acudí a mi ben angoixat. El vaig aconsellar: li vaig dir que l'ajudaria una vegada més a redreçar els seus negocis. Jurà pel símbol del Gran Bou que tornaria a agafar les regnes dels seus assumptes. Però això no va succeir. Durant una baralla –continuà el Maton–, aquella dona li enfonsà un ganivet al cor, tal com ell l'havia desafiada a fer.

—I ella…? –preguntà el Rodan.

—Sí –respongué el Maton–, aquest collaret era seu.

El Maton prengué la bella tela escarlata.

—Presonera d'amargs remordiments, es llançà a l'Eufrates. Mai em retornaran aquests dos préstecs.

»El cofre t'explica, Rodan, que aquells que demanen diners prestats i són massa apassionats representen un gran risc per al prestador d'or.

»Ara et contaré una història diferent –buscà un anell esculpit en un os de bou–. Aquesta joia pertany a un pagès. Jo compro les catifes que les seves dones teixeixen. Les llagostes li devastaren les collites, i els seus treballadors no tenien res per menjar. El vaig ajudar, i a la collita següent, em retornà els diners. Més tard em visità de nou i em digué que un vi-atjant li havia parlat d'unes cabres estranyes que hi havia en terres llunyanes. Tenien el pèl tan suau i fi que les seves dones podrien teixir les catifes més belles que mai s'haguessin vist a Babilònia. Volia obtenir aquell ramat, però no tenia diners. Així que li vaig prestar l'or necessari per al viatge i la compra de les cabres. Ara ja té el seu ramat, i l'any vinent sorprendré els senyors de Babilònia amb les catifes més cares que mai hagin pogut comprar. Aviat li retornaré l'anell. Insisteix a tornar-me els diners tan aviat com pugui.

—Hi ha persones que fan això, que demanen diners prestats i els tornen tan aviat? –preguntà el Rodan.

—Si em demanen diners amb la intenció de guanyar-ne, ho endevino i accepto fer el préstec. Però si ho fan per satisfer els seus capricis, t'adverteixo que siguis prudent si vols recuperar l'or.

—Explica'm la història d'aquesta joia —demanà el Rodan mentre prenia entre les mans un braçalet d'or incrustat amb pedres extraordinàries.

—T'interessen les dones, amic meu —bromejà el Maton.

—Soc bastant més jove que tu —replicà el Rodan.

—D'acord, però aquesta vegada t'imagines un idil·li allà on no n'hi ha. La propietària és grassa, arrugada i parla molt per dir ben poca cosa, cosa que m'irrita. Antigament tenia molts diners, i el seu fill i ella eren bons clients, però el temps els ha dut desgràcies. Hauria volgut fer del seu fill un mercader. Un dia vingué a casa meva i em demanà diners per tal que el noi pogués associar-se amb el propietari d'una caravana que viatjava amb els seus camells i que intercanviava en una ciutat el que comprava en una altra.

»L'home resultà ser un canalla, perquè deixà el pobre noi abandonat en una ciutat llunyana, sense diners ni amics, després d'haver fugit mentre ell dormia. Potser quan sigui gran em retornarà els diners. Des d'aleshores, no rebo cap interès pel préstec, només paraules buides. Però reconec que les joies valen el préstec.

—I aquesta dona et demanà algun consell sobre aquest préstec? —preguntà el Rodan.

—Al contrari, es pensava que el seu fill era un home poderós i ric de Babilònia. Suggerir-li el contrari l'hauria enfurismada. Només en vaig obtenir una reprimenda. Jo sabia que corria un risc perquè el seu fill era inexpert, però com que ella m'oferia una garantia, no vaig poder negar-li el préstec.

»Això —continuà el Maton tot agitant un tros de corda nuada— pertany al Nebatur, el comerciant de camells. Quan compra un ramat que val més del que ell posseeix, em porta aquest nus i jo li faig un préstec segons les seves necessitats. És un comerciant molt astut. Confio en el seu criteri i puc prestar-li diners amb tranquil·litat. Molts altres mercaders de Babilònia també gaudeixen de la meva confiança, perquè la seva conducta és honesta.

»Els objectes que em lliuren en dipòsit entren i surten regularment del cofre. Els bons mercaders són un actiu per a la nostra ciutat, i per a mi és beneficiós ajudar-los a mantenir viu el comerç perquè Babilònia prosperi.

El Maton prengué un escarabat esculpit en una turquesa i el llançà desdenyós a terra.

—És un insecte d'Egipte. Al jove que posseeix aquesta pedra li és ben igual que algun dia li reclami l'or. Quan li ho recordo, em respon: «Com vols que et torni els diners, si la desgràcia s'abat sobre mi? Ja en tens d'altres!». Què puc fer-hi? L'objecte pertany al seu pare, un home valent però no pas ric, que empenyorà les terres i el ramat per tal d'ajudar el fill en les seves empreses. Al principi, el jove va tenir èxit; després, dominat per l'afany d'enriquir-se, començà a cometre errors. Per culpa de la seva inexperiència, tots els seus intents van fracassar.

»Els joves són ambiciosos: voldrien aconseguir ràpidament les riqueses i els plaers que els aporten. Per assegurar-se una fortuna ràpida, demanen diners amb imprudència. Com que és la seva primera experiència, no poden comprendre que un deute impagat és com un forat profund on hom pot caure fàcilment i del qual costa molt sortir. És un pou de penes i lamentacions, on la llum del sol s'apaga i la nit turmenta un son inquiet. Però jo no desaconsello prestar diners; ben al contrari, animo a fer-ho –afegí el Maton–. Ho recomano, si es fa amb una finalitat honesta. Jo mateix vaig tenir el meu primer gran èxit com a comerciant gràcies a uns diners que m'havien prestat.

—Però, què ha de fer un prestador en un cas així? –preguntà el Rodan.

—El jove ha perdut l'esperança i no fa res. S'ha desanimat, no s'esforça per tornar el deute. I jo no vull desposseir el pare de les seves terres ni del seu ramat.

—M'has explicat moltes històries interessants –digué el Rodan–, però no has respost a la meva pregunta. He o no he de prestar les cinquanta monedes d'or a la meva germana i al seu marit? Els tinc en gran estima.

—La teva germana és una dona valenta, i li tinc molta consideració –li respongué el Maton–. Si el seu marit vingués a veure'm per demanar-me cinquanta monedes d'or, li preguntaria per què les vol.

»Si em digués que vol fer-se mercader com jo i obrir una botiga de joies i mobles, li respondria: «Coneixes aquest ofici? Saps on comprar barat?». Creus que podria respondre afirmativament a totes aquestes preguntes?

—No, no podria –admeté el Rodan–. Em va ajudar molt a fabricar llances i també en altres tallers.

—Aleshores li diria que el seu propòsit no és assenyat. Els mercaders han d'aprendre el seu ofici. La seva ambició, per més lloable que sigui, no és lògica; per tant, no li prestaria diners.

»Però imaginem que em digués: «Sí, he ajudat molt els mercaders. Sé com anar a Esmirna per comprar a bon preu les catifes que teixeixen les dones. A més, conec els rics de Babilònia, a qui les puc vendre i obtenir grans beneficis». Aleshores li diria: «El teu objectiu és sensat i la teva ambició, digna. Em complaurà prestar-te les cinquanta monedes d'or si m'assegures que me les retornaràs». Però si digués: «L'únic que us puc assegurar és que soc un home d'honor i que us tornaré els diners», li respondria: «Cada moneda d'or és molt valuosa per a mi. Si els lladres et roben els diners de camí a Esmirna o et prenen les catifes de tornada, no tindràs amb què pagar-me, i jo hauré perdut el meu or».

»Com pots veure, Rodan, l'or és la mercaderia del prestador. És fàcil deixar-lo, però si es presta amb imprudència, resulta difícil recuperar-lo. Una promesa és un risc que el prestador prudent rebutja, i prefereix sempre la garantia d'una devolució segura.

»És bo —prosseguí el Maton— ajudar els que ho necessiten, donar suport als que no tenen sort. També és just ajudar els qui comencen, perquè prosperin i es converteixin en bons ciutadans. Però l'ajuda ha de ser assenyada; si no, igual que l'ase de la granja que volia ajudar, acabarem carregant amb un pes que pertany a un altre.

»M'allunyo de la teva pregunta, Rodan, però escolta la resposta: guarda't les teves cinquanta monedes d'or. Són la recompensa justa pel teu treball, i ningú pot obligar-te a compartir-les si no ho desitges. Si vols prestar-les perquè et donin més or, fes-ho amb precaució i en llocs diferents. No m'agraden ni l'or que dorm ni els grans riscos.

»Quants anys fa que treballes com a fabricant de llances? —preguntà el Maton.

—Tres anys —respongué el Rodan.

—A més del regal del rei, quants diners has estalviat?

—Tres monedes d'or.

—O sigui, que cada any que has treballat t'has privat de bones coses per estalviar una moneda dels teus guanys?

—Així és.

—Aleshores, potser privant-te de coses bones podries estalviar cinquanta monedes en cinquanta anys?

—Seria el fruit de tota una vida.

—I creus que la teva germana arriscaria els estalvis de cinquanta anys de treball perquè el seu marit fes les primeres passes com a mercader?

—No, vist així, no.

—Doncs ves a veure-la i digues-li: «He estat tres anys treballant cada dia, del matí al vespre, llevat dels dies de dejuni, i m'he privat de moltes coses que desitjava amb delit. Per cada any de treball i abnegació, he aconseguit una moneda d'or. Ets la meva germana estimada i vull que el teu marit emprengui un negoci que el faci prosperar. Si em pot presentar un pla que el meu amic Maton consideri sensat i realitzable, li deixaré de bon grat els meus estalvis d'un any perquè tingui l'oportunitat de demostrar que pot tenir èxit». Fes el que et dic, i si té talent per triomfar, haurà de demostrar-ho. Si fracassa, no et deu més del que esperaves recuperar algun dia.

»Soc prestador d'or perquè tinc més or del que em cal per comerciar. Vull que el meu excés d'or treballi per als altres i així em reporti més or. No vull arriscar-me a perdre'l, perquè he treballat molt i m'he privat de moltes coses per aconseguir-lo. Per això no el prestaré a qui no mereixi la meva confiança ni em garanteixi que me'l tornarà, i tampoc a qui no em convenci que els interessos em seran retornats aviat.

»T'he explicat, Rodan, alguns secrets del meu cofre. Aquests secrets t'han revelat les febleses dels homes i la seva ansietat per demanar diners tot i no tenir mitjans segurs per retornar-los. Amb aquests exemples, comprendràs que sovint la gran esperança d'aquests homes seria obtenir grans beneficis si tinguessin diners, però que tot plegat són falses esperances, perquè no tenen ni l'habilitat ni l'experiència necessàries per obtenir-los.

»Ara, tu, Rodan, posseeixes l'or que et podria generar més or. Ets molt a prop de convertir-te, com jo, en un prestador d'or. Si conserves el teu tresor, et donarà interessos generosos; serà una font de plaers i profit per a la resta dels teus dies. Però si el deixes escapar, serà una font de penes i laments que mai no oblidaràs.

»Què és el que més desitges per a l'or que guarda la teva bossa de cuir? –preguntà el Maton.

—Guardar-lo en un lloc segur.

—Has parlat amb seny –respongué el Maton amb to d'aprovació–. El teu primer desig és la seguretat. Creus que sota la custòdia del teu cunyat estaria segur i fora de perill?

—Em temo que no, perquè no és prudent en la manera de guardar l'or.

—Aleshores, no et deixis influir per uns absurds sentiments d'obligació que t'empenyin a confiar el teu tresor a qualsevol persona. Si vols ajudar la família o els amics, troba altres mitjans que no impliquin arriscar-lo. No oblidis que l'or s'escapa inesperadament de les mans d'aquells que no saben custodiar-lo, ja sigui per extravagància o per deixar que d'altres el perdin per tu.

»Després de la seguretat, què és el que més desitges per al teu tresor?

—Que produeixi més or.

—Tornes a parlar amb seny –digué el Maton–. El teu or ha de donar-te guanys i augmentar. Els diners prestats amb prudència poden duplicar-se abans no t'hagis fet vell. Però si t'arrisques a perdre'ls, també perdràs tot allò que et podrien haver proporcionat.

»Així que no et deixis enganyar pels plans fantàstics d'homes imprudents que creuen saber com fer que el teu or produeixi guanys extraordinaris. Són plans forjats per somiadors inexperts que desconeixen les lleis segures i fiables del comerç. Sigues moderat en les expectatives dels beneficis que pugui donar-te l'or i, d'aquesta manera, treu-ne un profit sensat. Invertir l'or esperant guanys desmesurats és condemnar-lo a la pèrdua.

»Procura associar-te amb homes hàbils i emprendre negocis el triomf dels quals estigui assegurat, de manera que el teu tresor prosperi i resti en un lloc segur gràcies a la vostra astúcia i experiència.

»D'aquesta manera evitaràs les desgràcies que acompanyen la majoria dels fills dels homes a qui Déu confia l'or.

Quan el Rodan volgué agrair-li el seu savi consell, el Maton no l'escoltà i digué:

—El regal del rei et durà molta saviesa. Si guardes les cinquanta monedes d'or, hauràs de ser discret. Tindràs temptacions d'invertir en molts projectes, rebràs molts consells i se t'oferiran grans oportunitats de guanyar beneficis. Abans de prestar una sola moneda, assegura't que et serà retornada. Si vols més consells, torna a visitar-me, t'ajudaré de bon grat.

»Abans de marxar, llegeix el que vaig gravar a la tapa del cofre. Serveix tant per al prestador com per a qui demana.

VAL MÉS PREVENIR QUE CURAR.

7. Les muralles de Babilònia

El vell Banzar, un antic guerrer ferotge, feia guàrdia a la passarel·la que conduïa a la part més alta de les muralles de Babilònia. A la llunyania, uns valents soldats en defensaven els accessos. La supervivència de la gran ciutat i dels seus centenars de milers d'habitants depenia d'ells.

De més enllà de les muralles arribaven el fragor dels exèrcits en combat, els crits dels homes, el galop de milers de cavalls i el retruny sord dels ariets que colpejaven les portes de bronze.

Els llancers estaven en alerta constant, preparats per impedir l'entrada a la ciutat si les portes cedien. No eren nombrosos: els exèrcits principals quedaven lluny, cap a l'est, acompanyant el rei, que dirigia una campanya contra els elamites. No havien previst que patirien un atac durant aquella absència, i les forces defensores eren escasses. Quan ningú no ho esperava, els grans exèrcits assiris havien arribat del nord. Les muralles havien de resistir l'atac, si no, seria la fi de Babilònia.

Al voltant del Banzar s'aplegaven nombrosos ciutadans espantats que demanaven notícies amb angoixa sobre l'evolució de la batalla. Miraven horroritzats la filera de soldats morts o ferits als quals transportaven o baixaven de la passarel·la.

L'assalt arribava al seu moment més crític: després d'haver assetjat la ciutat durant tres dies, l'enemic havia concentrat les forces en aquell tram de muralla i en aquella porta.

Des de la part superior de les muralles, els defensors mantenien a ratlla els adversaris que intentaven escalar-les amb plataformes o escales; els abocaven oli bullent o engegaven llances contra els que aconseguien arribar fins a dalt. Els enemics responien amb una línia d'arquers que deixava caure una pluja de fletxes sobre els babilonis.

El vell Banzar ocupava un punt elevat des del qual guaitava tot el que succeïa; era a prop del centre dels combats i el primer a percebre els atacs frenètics de l'enemic.

Un comerciant vell s'hi acostà:

—Us ho prego, digueu-me que no podran entrar, oi? –suplicà amb les mans juntes–. Els meus fills són amb el nostre bon rei; no hi ha ningú que pugui protegir la meva esposa anciana.

Ens robaran tots els béns, ens prendran les reserves. Som massa vells per servir com a esclaus; morirem de fam. Digueu-me que no entraran a la ciutat.

—Calma't, bon comerciant –respongué el guardià–. Les muralles de Babilònia són sòlides. Torna al basar i digues a la teva dona que les muralles us protegiran a vosaltres i els vostres béns tant com protegeixen els tresors del rei. Queda't a prop de la muralla, fora de l'abast de les fletxes.

Una dona amb un nadó als braços ocupà el lloc de l'home que se n'anava.

—Sergent, quines notícies hi ha del combat? –preguntà–. Digueu-me la veritat perquè pugui tranquil·litzar el meu pobre marit. És al llit amb una gran febre causada per les ferides, però insisteix a posar-se l'armadura i agafar la llança per protegir-me, perquè estic prenyada. Diu que la venjança de l'enemic seria terrible si entressin.

—Tens bon cor, dona, perquè ets mare, i ho tornaràs a ser. Les muralles de Babilònia us protegiran a tu i els teus fills. Són altes i sòlides. No sents els crits dels nostres valents defensors, que aboquen calderes d'oli bullent sobre els que intenten escalar?

—Sí, i també sento el bram dels ariets colpejant les portes.

—Torna amb el teu marit –li respongué el Banzar–. Digues-li que les portes són fortes i resistiran els cops dels ariets. Digues-li també que als qui escalen els murs els espera una llança. Ves amb compte i afanya't a arribar als edificis, on estaràs més segura.

El Banzar s'apartà per deixar pas als reforços armats. Mentre li passaven pesadament pel costat, amb els escuts de bronze ressonant, una nena li estirà el cinturó.

—Digueu-me, si us plau, soldat, estem segurs? –preguntà–. Sento uns sorolls terribles, veig homes que sagnen… Tinc tanta por! Què serà de la nostra família, de la meva mare, del meu germanet i del nadó?

El vell militar tancà els ulls, aixecà la barbeta i alçà la nena entre els braços.

—No tinguis por, petita –li digué–. Les muralles de Babilònia us protegiran a tu, a la teva mare, el teu germanet i el nadó. La bona reina Semíramis les va fer construir fa cent anys per protegir gent com vosaltres. Torna i digues a la teva mare, al teu germanet i al nadó que les muralles de Babilònia els protegiran i que no han de témer per res.

Cada dia, el vell Banzar restava al seu lloc, observava com els nous combatents pujaven a la passarel·la i lluitaven fins que, ferits o morts, els havien de baixar. Al seu voltant, una multitud de ciutadans espantats i inquiets volia saber si les muralles resistirien. Ell donava a tots la mateixa resposta, amb la dignitat d'un vell soldat:

—Les muralles de Babilònia us protegiran.

Durant tres setmanes i cinc dies, l'atac continuà amb renovada violència. Cada dia, la mandíbula del Banzar es contreia més, perquè el pas, ple de sang de la gran quantitat de ferits, s'havia convertit en un fangar degut al trànsit incessant d'homes que pujaven i baixaven trampolejant.

Cada dia, els atacants morts s'amuntegaven davant les muralles; cada nit, els seus companys els arrossegaven i els enterraven.

La cinquena nit de l'última setmana, el clam començà a esvair-se. Els primers raigs de sol il·luminaren la plana, coberta per grans núvols de pols aixecats pels exèrcits en retirada. Un crit immens esclatà entre els defensors. No hi havia dubte sobre el seu significat. Fou repetit per les tropes rere les muralles, pels ciutadans als carrers, i s'estengué per tota la ciutat amb la força d'una tempesta.

La gent sortí corrents de les cases; una multitud embogida omplí els carrers. La por continguda durant setmanes es transformà en un crit d'alegria salvatge. Des del cim de la gran torre de Bel s'alçaren flames victorioses, i una columna de fum blau s'elevà cap al cel per dur lluny el seu missatge.

Un cop més, les muralles de Babilònia havien rebutjat un enemic poderós i ferotge decidit a saquejar els seus tresors i a reduir els ciutadans a l'esclavitud.

La ciutat de Babilònia va sobreviure diversos segles perquè estava completament protegida. Si no fos per això, no ho hauria aconseguit.

Les muralles de Babilònia il·lustren bé les necessitats de l'ésser humà i el seu desig de sentir-se protegit. Aquest desig és inherent a la raça humana i avui és tan intens com en l'antiguitat, però nosaltres hem ideat plans més amplis i millors per tal d'assolir aquest objectiu.

Avui dia, parapetats rere els murs inexpugnables de les assegurances, dels comptes bancaris i de les inversions segures, podem protegir-nos de les tragèdies inesperades que poden aparèixer en qualsevol moment.

NO ENS PODEM PERMETRE DE VIURE SENSE ESTAR PROTEGITS D'UNA MANERA ADEQUADA.

8. El tractant de camells de Babilònia

Com més ens tenalla la fam, més actiu es torna el cervell i més sensibles ens fem a l'olor del menjar.

El Tarkad, el fill de l'Azor, pensava exactament això. Només havia menjat dues petites figues que havia collit d'una branca que sobresortia d'un jardí, i no n'havia pogut agafar més abans que una dona furiosa aparegués i l'hagués fet fora. Els seus crits aguts encara li ressonaven a les orelles mentre travessava la plaça del mercat. Aquells sorolls desagradables l'ajudaren a mantenir quietes les mans, sempre temptades d'agafar alguna fruita de les cistelles de les dones del mercat.

Mai fins aleshores s'havia adonat de la gran quantitat de menjar que arribava al mercat de Babilònia ni de com n'era de bona l'olor. Després de deixar el mercat, travessà la plaça cap a l'hostal, davant del qual es passejà amunt i avall. Potser hi trobaria algú que li deixés una moneda de coure amb què podria pagar-se un bon àpat i arrencar un somriure al sever amo de l'hostal. Sabia molt bé que si no aconseguia aquella moneda, no seria benvingut.

Distret com estava, es trobà de sobte cara a cara amb l'home que més desitjava evitar: el Dabasir, un tractant de camells alt i ossut. De tots els amics i coneguts als quals havia demanat petites sumes de diners, el Dabasir era el que més incomoditat li feia sentir, perquè ell no havia complert la promesa de retornar-li aviat el que li devia.

El rostre del Dabasir s'il·luminà en veure'l.

—Ah, Tarkad, justament a qui buscava! Potser podràs tornar-me les dues monedes de coure que et vaig deixar fa una lluna, i també la de plata que t'havia deixat abans. Quina sort! Avui mateix les necessito. Què me'n dius, noi?

El Tarkad començà a balbucejar i enrogí. L'estómac buit no li donava prou coratge per discutir amb el Dabasir.

—Ho sento, ho sento molt —murmurà feblement—, però avui no tinc ni les dues monedes de coure ni la de plata que et dec.

—Doncs troba-les —insistí el Dabasir—. Segur que pots aconseguir un parell de monedes de coure i una de plata per pagar la generositat d'un vell amic del teu pare que et va ajudar quan ho necessitaves.

—No puc pagar-te per culpa de la mala sort —balbucejà el Tarkad.

—La mala sort? —replicà el Dabasir amb duresa—. Culparàs els déus de la teva pròpia feblesa? La mala sort persegueix els homes que pensen més a demanar que no pas a donar. Noi, vine amb mi mentre menjo; tinc gana, i vull explicar-te una història.

El Tarkad reculà davant aquella franquesa brutal, però almenys era una invitació a entrar a un lloc on es menjava.

El Dabasir el conduí fins a un racó de la sala, on s'assegueren sobre unes catifes petites. Quan el Kauskor, el propietari, aparegué somrient, el Dabasir li digué amb la seva habitual familiaritat:

—Llangardaix del desert, porta'm una cuixa de cabra ben feta, amb molta salsa, pa i moltes verdures, que tinc molta gana i necessito menjar de valent. No t'oblidis del meu amic: porta-li una gerra d'aigua ben fresca, que avui fa calor.

El cor del Tarkad s'encongí. Havia de seure allà, bevent aigua i mirant com aquell home devorava una cuixa sencera de cabra. No deia res. No se li acudia res per dir.

El Dabasir, en canvi, no sabia què era el silenci. Somrient i saludant amb la mà a tots els altres clients als quals coneixia, continuà:

—He sentit dir a un viatger que acaba d'arribar d'Urfa que un home ric d'allà té una pedra tan fina que s'hi pot veure a través. La col·loca a les finestres de casa seva per impedir que hi entri la pluja. Segons el viatger, és groga, i li van permetre mirar-hi a través, de manera que el món exterior li semblà estrany i diferent del que és en realitat. Què en penses, Tarkad?, creus que un home pot veure el món d'un color diferent del que realment té?

—No sabria dir-ho –respongué el jove, molt més interessat en la cuixa de cabra que tenia el Dabasir al davant.

—Doncs jo sé que és cert, perquè jo mateix he vist el món d'un color diferent del que realment té, i la història que et contaré explica com vaig arribar a veure'l de nou tal com és.

—El Dabasir explicarà una història –murmurà algú en una taula veïna al seu company, i acostà la seva catifa cap a ells.

Els altres comensals agafaren els plats i es reuniren en semicercle. Menjaven sorollosament prop del Tarkad, el tocaven amb els ossos de la carn; ell era l'únic que no tenia res per menjar. El Dabasir no li proposà de compartir la cuixa de cabra ni li oferí el tros de pa que havia caigut a terra.

—La història que t'explicaré –començà el Dabasir, tot fent una pausa per empassar-se un bon tros de carn– relata la meva joventut i com vaig arribar a ser tractant de camells. Algú de vosaltres sap que jo vaig ser esclau a Assíria?

Un murmuri de sorpresa recorregué l'auditori, i el Dabasir l'escoltà satisfet.

—Quan era jove –continuà després d'una altra mossegada– vaig aprendre l'ofici del meu pare, la fabricació de selles de muntar. Treballava amb ell a la botiga fins que em vaig casar. Com que era jove i inexpert, guanyava poc, just el necessari per cobrir modestament les necessitats de la meva excel·lent esposa. Estava impacient per aconseguir aquelles bones coses que no em podia permetre. Aviat vaig descobrir que els propietaris de les botigues em donaven crèdit encara que no pogués pagar-los a temps.

»Jove i inexpert, no sabia que aquell qui gasta més del que guanya sembra els vents de la indulgència inútil i cull tempestes de problemes i humiliacions. D'aquesta manera vaig sucumbir als capricis i, sense tenir els diners necessaris, vaig comprar vestits elegants i objectes de luxe per a la meva esposa i per a la casa.

»Vaig anar pagant com vaig poder, i durant un temps tot anà bé. Però un dia vaig descobrir que el que guanyava no era prou per pagar els deutes i viure. Els meus creditors començaven a perseguir-me per exigir-me el pagament de les meves extravagàncies, i la meva vida es tornà miserable. Demanava diners als amics, però tampoc no podia tornar-los-hi; les coses empitjoraven dia rere dia. La meva dona tornà a casa del seu pare, i jo vaig decidir marxar de Babilònia cap a una altra ciutat, on un jove pogués tenir més oportunitats.

»Durant dos anys vaig conèixer una vida agitada i sense èxit, viatjant sempre amb les caravanes dels mercaders. Després em vaig unir a un grup de lladres simpàtics que recorrien el desert a la recerca de caravanes desarmades. Aquells actes no eren dignes del fill del meu pare, però jo veia el món a través d'una pedra acolorida i no m'adonava fins a quin punt m'havia degradat.

»Tinguérem èxit en el nostre primer viatge, quan vam capturar un ric carregament d'or, seda i mercaderies de gran valor. Vam portar aquell botí a Ginir i allà el vam malgastar.

»La segona vegada no vam tenir tanta sort: després d'haver comès el robatori, ens van atacar els guerrers d'un cap indígena a qui les caravanes pagaven perquè les protegís. Van matar els nostres dos caps, i els supervivents vam ser portats a Damasc, desposseïts de les nostres robes i venuts com a esclaus.

»A mi em va comprar per dues monedes de plata un cap del desert sirià. Amb els cabells rapats i vestit només amb alguns bocins de tela, no era diferent dels altres esclaus. Com que era un jove despreocupat, pensava que allò no seria més que una aventura, fins que el meu amo em dugué davant les seves quatre dones i em digué que em tindrien com a eunuc.

»Aleshores vaig comprendre de debò la meva situació. Aquells homes del desert eren salvatges i guerrers; jo estava sotmès a la seva voluntat, desarmat i sense cap esperança d'escapar.

»Em vaig quedar dret, esglaiat, davant les quatre dones, que m'examinaven. Em preguntava si podia esperar una mica de compassió d'elles. La Sira, la primera dona, era més vella que les altres i em mirava impassible. Em vaig apartar sense esperar res de la seva part; la següent, d'una bellesa altiva, em mirava amb la mateixa indiferència amb què es mira un cuc a la terra. Les dues més joves reien com si tot allò fos una broma divertida.

»El temps d'espera pel seu veredicte em feu l'efecte que durava un segle: cadascuna semblava deixar la decisió final a les altres. Finalment, la Sira parlà amb una veu freda: «Tenim molts eunucs, però pocs camellers, i els que tenim no serveixen de res. Avui mateix he d'anar a veure la meva mare malalta i no tinc cap esclau de confiança que pugui ocupar-se del meu camell. Pregunta a aquest esclau si sap conduir-ne un».

»El meu amo em preguntà: «Què en saps, dels camells?».

»Lluitant per contenir l'entusiasme, vaig respondre: «Sé fer que s'agenollin, sé carregar-los i conduir-los en llargs viatges sense cansar-me. I si cal, puc reparar-ne els arnesos».

»«L'esclau en sap prou», observà el meu amo. «Si aquest és el teu desig, Sira, fes d'aquest home el teu cameller».

»Així doncs, vaig ser donat a la Sira, i aquell mateix dia la vaig conduir, després d'un llarg viatge en camell, fins a casa de la seva mare malalta. Vaig aprofitar l'ocasió per agrair-li la intervenció i per explicar-li que no era esclau de naixement, sinó fill d'un home lliure, un honorable fabricant de selles de Babilònia. També li vaig relatar la meva història. Les seves paraules em van desconcertar, i més tard hi vaig reflexionar llargament.

»«Com pots anomenar-te "home lliure"», em digué, «si la teva feblesa t'ha portat a aquesta situació? Si un home té ànima d'esclau, no es convertirà en un d'ells, sense importar el seu origen, tal com l'aigua busca el seu nivell? I si algú té ànima d'home lliure, no farà que el respectin i l'honorin a la seva ciutat, encara que la sort no l'hagi acompanyat?».

»Durant un any vaig ser esclau i vaig viure entre esclaus, però no podia convertir-me en un d'ells. Un dia, la Sira em preguntà: «Per què et quedes sol a la teva tenda a la nit, quan els altres esclaus es reuneixen en companyia agradablement?».

»Li vaig respondre: «He pensat en el que em vau dir. M'he preguntat si tinc ànima d'esclau. No puc unir-me a ells, per això em mantinc al marge».

»«Jo també em mantinc al marge», em confià. «Tenia una gran dot, per això el meu senyor es casà amb mi. Però no em desitja, i el que tota dona desitja més ardentment és ser desitjada. Com que soc estèril i no tinc fills, m'he de mantenir al marge. Si fos un home, preferiria la mort abans que ser esclava. Però les lleis de la nostra tribu de les dones en fan esclaves».

»«Què penseu de mi ara?», li vaig preguntar sobtadament. «Tinc ànima d'home lliure o d'esclau?».

»«Vols tornar els deutes que vas contreure a Babilònia?», em preguntà ella.

»«Sí que ho vull, però no veig com podria fer-ho».

»«Si deixes que els anys passin sense preocupar-te ni esforçar-te per tornar aquests diners, aleshores tens ànima d'esclau. No pot ser d'una altra manera: un home que no es respecta a si mateix no pot ser respectat per ningú».

»«Però què puc fer, si soc esclau a Síria?».

»«Sigues esclau a Síria, ja que ets un ésser feble».

»«No soc un ésser feble», li vaig replicar.

»«Aleshores, demostra-ho».

»«Com?».

»«No lluita el teu rei contra els seus enemics amb totes les forces que té i de totes les maneres possibles? Els teus deutes són els teus enemics; et van fer fugir de Babilònia. Els vas deixar créixer fins que van ser massa grans per a tu. Si els haguessis combatut com un home, els hauries vençut i hauries estat honorat pels teus conciutadans. Però no vas tenir el coratge de fer-ho, i mira't: el teu orgull t'ha abandonat i has anat de desgràcia en desgràcia fins a acabar com a esclau a Síria».

»Vaig pensar molt en aquelles paraules tan dures i vaig elaborar moltes excuses per convèncer-me que, en el fons, no era un esclau. Però no vaig tenir ocasió de posar-les a prova. Tres dies més tard, la serventa de la Sira vingué a buscar-me per portar-me davant la meva senyora.

»«La meva mare torna a estar molt malalta», digué. «Prepara els dos millors camells del meu marit, omple els bots d'aigua i carrega les alforges per a un llarg viatge. La criada et donarà el menjar a la tenda de cuina».

»Vaig carregar els camells, preguntant-me per què la criada em donava tanta quantitat de menjar, ja que la casa de la mare de la Sira era a menys d'una jornada de camí. La serventa muntà al segon camell i jo vaig conduir el de la Sira. Quan arribàrem a casa de la seva mare, començava a fer-se fosc. La Sira acomiadà la criada i em digué: »«Dabasir, tens ànima d'home lliure o d'esclau?».

»«Ànima d'home lliure», vaig respondre.

»«Ara tens l'oportunitat de demostrar-ho», em digué la Sira. «El teu amo ha begut massa i els seus homes estan embotits de vi. Agafa els camells i fuig. En aquest sac tens vestits de l'amo per disfressar-te. Jo diré que has robat els camells i que has fugit mentre visitava la meva mare malalta».

»«Teniu ànima de reina», li vaig dir. «M'agradaria poder fer-vos feliç».

»«No hi ha felicitat per a la dona que fuig del seu marit per tal de buscar-la en terres llunyanes entre estrangers. Pren el teu propi camí, i que els déus del desert et protegeixin, perquè la ruta és llarga, i sense menjar ni aigua».

»No vaig necessitar que m'ho repetís. Li vaig donar les gràcies amb fervor i vaig marxar en plena nit. No coneixia aquell país estrany i només tenia una lleugera idea de la direcció que havia de seguir per tal d'arribar a Babilònia, però em vaig endinsar amb coratge al desert, cap als pujols. Anava muntat en un camell i n'arrossegava un altre. Vaig viatjar tota la nit i tot el dia següent, ple d'angoixa, conscient de la sort que esperava els esclaus que robaven la propietat dels seus amos i intentaven escapar-se.

»Cap al final de la tarda vaig arribar a un país àrid, tan inhòspit com el desert. Les pedres afilades ferien les potes dels meus fidels camells, que avançaven lentament, fent el camí amb esforç. No vaig trobar ni home ni bèstia i vaig comprendre de seguida per què tothom evitava aquella terra erma.

»A partir d'aquell moment, el viatge fou com pocs homes podrien explicar. Dia rere dia avançàvem a poc a poc.

»Ja no ens quedava ni aigua ni menjar. El sol cremava sense pietat. Al final del novè dia, vaig relliscar de la muntura amb la sensació que era massa feble per tornar a pujar-hi i que, amb tota seguretat, moriria en aquell país despoblat.

»Em vaig estirar a terra i vaig dormir. Només em vaig despertar amb la primera llum de l'alba.

»Em vaig asseure i vaig mirar al voltant. Hi havia una nova frescor a l'aire del matí; els camells jeien prop d'allà. Davant meu s'estenia una vasta terra de roques i sorra. No hi havia res que indiqués la presència d'aigua o de menjar, ni per a l'home ni per al camell.

»Havia d'enfrontar-me a la meva fi en aquella pau silenciosa? La meva ment estava més clara que mai. El cos semblava no tenir ja importància. Amb els llavis ressecs i sagnants, la llengua aspra i inflada, l'estómac buit, ja no sentia el dolor del dia abans.

»Vaig mirar la immensitat desesperançadora del desert i, una vegada més, em vaig preguntar: «Tinc ànima d'home lliure o d'esclau?». I aleshores, com un llamp, vaig comprendre que, si tenia ànima d'esclau, m'estiraria a la sorra i moriria, un final digne d'un esclau fugitiu.

»Però si tenia ànima d'home lliure, què succeiria? Hauria de trobar el camí cap a Babilònia, tornar els diners als qui havien confiat en mi, fer feliç la meva dona, que m'estimava de veritat, i dur la pau i la satisfacció als meus pares.

»«Els teus deutes són els teus enemics i t'han fet fugir de Babilònia», havia dit la Sira. Sí, era cert. Per què no m'havia mantingut ferm com un home? Per què havia permès que la meva dona tornés amb el seu pare?

»Aleshores va passar una cosa estranya. El món sencer em va semblar d'un altre color, com si fins aquell moment l'hagués vist a través d'una pedra acolorida que, de sobte, hagués desaparegut. Per fi vaig comprendre quins eren els veritables valors de la vida.

»Morir al desert? Mai! Amb una nova visió, totes les coses que havia de fer se'm mostraren amb claredat. Primer, tornaria a Babilònia i donaria la cara davant de tots aquells amb qui havia contret deutes. Els diria que, després d'anys d'equívocs i desgràcies, havia tornat per pagar-los tan ràpid com els déus m'ho permetessin. Després construiria una llar per a la meva dona i em convertiria en un ciutadà que fes sentir satisfets els meus pares.

»Els meus deutes són els meus enemics, però els homes que m'han prestat diners són els meus amics, perquè han tingut confiança i han cregut en mi.

»Em vaig aixecar, vacil·lant sobre les cames febles. Què significava la gana? Què significava la set? Només eren obstacles en el camí cap a Babilònia. S'havia despertat en mi l'ànima d'un home nou, decidit a vèncer els enemics i recompensar els amics.

»Els ulls vidriosos dels camells s'il·luminaren en sentir la meva veu ronca. S'alçaren amb gran esforç després de diversos intents i, amb una commovedora perseverança, es dirigiren cap al nord, on alguna cosa dins meu em deia que trobaríem Babilònia.

»Vam trobar aigua, vam travessar un país fèrtil on creixien l'herba i els arbres fruiters. Vam trobar el camí de Babilònia, perquè l'ànima d'un home lliure veu la vida com una sèrie de problemes per resoldre, i els resol, mentre que l'ànima d'un esclau gemega: «Què puc fer jo, que tan sols soc un esclau?».

»I a tu, Tarkad? –li preguntà el Dabasir–. L'estómac buit et fa la ment més clara? Ja has pres el camí que et duu al respecte per tu mateix? Veus el món amb el seu veritable color? Desitges pagar els teus deutes justos, siguin quins siguin, i convertir-te en un home respectat a Babilònia?

Les llàgrimes afloraren als ulls del jove, que s'agenollà ràpidament.

—M'heu mostrat el camí –digué–; ara sé com trobar dins meu l'ànima de l'home lliure.

—Però què va passar quan vas tornar? –preguntà un oient interessat.

—*Quan un home està decidit, troba els mitjans* –respongué el Dabasir–. Jo estava decidit, i per això vaig buscar els mitjans. Primer vaig visitar tots els homes amb qui tenia deutes i els vaig suplicar que fossin indulgents fins que pogués guanyar els diners per tornar-los-hi. La majoria m'acolliren amb alegria, alguns m'insultaren, però d'altres m'oferiren ajuda. Un d'ells em donà justament l'ajuda que necessitava: era el Maton, el prestador d'or. En saber que havia estat cameller a Síria, m'envià a veure el vell Nebatur, el tractant de camells a qui el nostre bon rei havia encomanat de comprar diverses manades per a una gran expedició. Amb ell vaig posar en pràctica els meus coneixements sobre camells i, a poc a poc, vaig poder retornar cada moneda de coure i de plata. Finalment era capaç de caminar amb el cap ben alt i sentir-me un home honorable entre els homes.

El Dabasir es va inclinar de nou sobre el seu plat.

—Eh, Kauskor, cargol! –cridà prou fort perquè el sentissin a la cuina–. El menjar és fred! Porta'm més carn acabada de rostir. Dona'n també un bon tros al Tarkad, el fill del meu vell amic, que té gana i menjarà amb mi!

Així acabà la història del Dabasir, el tractant de camells de la vella Babilònia. Trobà el seu camí quan va comprendre una gran veritat que ja havien descobert i aplicat els homes savis molt abans d'aquella època.

Aquesta veritat havia ajudat molts homes a superar les dificultats i assolir l'èxit, i continuaria ajudant a tots aquells que en comprenguessin la força màgica.

QUAN UN HOME ESTÀ DECIDIT,
TROBA ELS MITJANS.

9. Les tauletes d'argila de Babilònia

St. Swithin's College
Nottingham University
Newark-on-Trent
Nottingham

21 d'octubre de 1934

Senyor professor Franklin Caldwell
Expedició Científica Britànica
Hillah, Mesopotàmia

Benvolgut professor,

Les cinc tauletes d'argila que vau desenterrar durant les vostres recents excavacions a les ruïnes de Babilònia han arribat en el mateix vaixell que la vostra carta. M'han fascinat, i he passat nombroses i agradables hores traduint-ne les inscripcions. Hauria d'haver respost la vostra carta amb més celeritat, però he preferit esperar fins a completar les transcripcions que us adjunto.

Les tauletes han arribat en perfecte estat, gràcies a l'excellent embalatge i a l'ús assenyat dels mètodes de conservació.

Us sorprendrà tant com a nosaltres la història que relaten. Un espera que un passat tan remot i misteriós estigui ple d'idil·lis i aventures, ja sabeu, alguna cosa com *Les mil i una nits*. Però després un s'adona que els problemes del món antic, de fa cinc mil anys no són tan diferents dels d'avui, com es pot constatar en llegir aquests textos que expliquen les dificultats que trobà per pagar els seus deutes un personatge anomenat Dabasir.

Sabeu què? És curiós, però, com diuen els meus estudiants, aquestes antigues inscripcions m'han deixat descol·locat. Com a professor universitari, se suposa que soc un home reflexiu i amb coneixements sobre gairebé tots els assumptes. I ara apareix un individu sorgit de les polsegoses ruïnes de Babilònia que ens ofereix un mètode, del qual mai no havia sentit a parlar, per pagar els deutes i, alhora, augmentar la pròpia riquesa.

He de dir que és una idea que m'agrada, i seria interessant de comprovar si funciona tan bé avui com en l'antiga Babilònia. La meva dona i jo tenim la intenció d'aplicar-la a les nostres qüestions econòmiques, que, en aquest cas, necessiten evidents millores.

Us desitjo la millor de les sorts en la vostra valenta empresa i espero amb impaciència una nova oportunitat de col·laborar amb vostè.

El vostre afectíssim,
Alfred H. Shrewsbury
Departament d'Arqueologia

Tauleta núm. 1

Aquesta nit de lluna plena, jo, el Dabasir, que acabo de sortir de l'esclavitud a Síria, decidit a pagar tots els meus deutes i a convertir-me en un home ric i digne de respecte a la meva ciutat natal de Babilònia, gravo en argila aquest registre permanent dels meus negocis, perquè em guiï i m'ajudi a complir els meus desitjos més grans.

Seguint el consell del meu savi amic Maton, el prestador d'or, he decidit seguir el pla precís que, segons sembla, permet els homes honorables alliberar-se dels seus deutes i viure amb riquesa i respecte per si mateixos.

Aquest pla inclou tres objectius que són la meva esperança i el meu desig.

En primer lloc, el pla em permetrà gaudir de certa prosperitat.

Així doncs, apartaré la desena part del que guanyi, i serà un bé que conservaré. El Maton parla amb saviesa quan diu:

—*L'home que es guarda a la bossa l'or que no necessita gastar és bo amb la seva família i lleial al seu rei.*

»*L'home que només té unes quantes monedes de coure a la bossa és insensible envers la seva família i el seu rei.*

»*Però l'home que no té res a la bossa és cruel amb la seva família i deslleial al seu rei, perquè el seu cor és amarg.*

»*L'home que desitja triomfar ha de tenir a la bossa diners que puguin fer soroll, i al cor amor per a la seva família i lleialtat envers el seu rei.*

En segon lloc, el pla preveu que cobreixi les meves necessitats i les de la meva esposa, que ha tornat lleialment amb mi de casa el seu pare. El Maton diu que aquell qui té cura d'una esposa fidel té el cor ple de respecte per si mateix i adquireix força i determinació per dur a terme els seus projectes.

Per tant, faré servir set dècimes parts del que guanyi per comprar una casa, roba, menjar i una quantitat que dedicarem a d'altres despeses, perquè les nostres vides no estiguin exemptes de plaers i satisfaccions.

Tanmateix, el Maton m'ha advertit que no gasti en aquests conceptes més honorables més del setanta per cent del que guanyo. L'èxit del pla descansa en aquesta recomanació: hem de viure amb aquesta part i mai prendre ni comprar més del que puguem pagar-hi.

Tauleta núm. 2

En tercer lloc, el pla preveu que pagui els meus deutes amb el que guanyi.

Cada lluna, les dues dècimes parts dels meus guanys seran repartides amb justícia i honor entre tots aquells que, confiant en mi, em van deixar diners, i arribarà el moment en què tots els meus deutes estaran saldats.

Per deixar-ne constància, gravo aquí el nom de tots els homes als quals dec diners i la quantitat exacta del meu deute amb cadascun:

Farhu, el teixidor: 2 monedes de plata, 6 de coure.

Sinjar, el fabricant de matalassos: 1 moneda de plata.

Ahmar, el meu amic: 4 monedes de plata, 7 de coure.

Akamir, el meu amic: 1 moneda de plata, 3 de coure.

Diebeker, amic del meu pare: 4 monedes de plata, 1 de coure.

Alkahad, el propietari de la casa: 14 monedes de plata.

Maton, el prestador d'or: 9 monedes de plata.

Birejik, l'agricultor: 1 moneda de plata, 7 de coure.

(A partir d'aquí, la tauleta està desgastada i el text és indesxifrable).

Tauleta núm. 3

Dec a tots aquests creditors una suma total de dinou monedes de plata i cent quaranta-una de coure. Com que devia aquestes quantitats i no veia cap manera de pagar-les, en la follia vaig permetre que la meva dona tornés a casa el seu pare i vaig abandonar la meva ciutat natal a la recerca d'una vida més fàcil, per acabar trobant només el desastre i ser venut vergonyosament com a esclau.

Ara que el Maton m'ha ensenyat com puc anar retornant els meus deutes en petites quantitats preses d'allò que guanyi, comprenc fins a quin punt vaig ser insensat en fugir de les conseqüències de la meva extravagància.

Fa poc vaig visitar els meus creditors i els vaig explicar que no tenia recursos per pagar-los llevat de la meva capacitat per treballar, i que la meva intenció és dedicar dues dècimes parts del que guanyi a liquidar els meus deutes de manera justa i honorable. Els vaig dir que no podia pagar més que això, però que, si eren pacients, arribaria un dia en què hauria complert plenament les meves obligacions.

L'Ahmar, a qui considerava el meu millor amic, em va insultar durament i vaig sortir de casa seva humiliat. El Birejik, l'agricultor, va demanar de ser el primer a cobrar, ja que tenia gran necessitat d'ajuda. L'Alkahad, el propietari, m'advertí que, si no regularitzava el compte ben aviat, em causaria problemes.

Tots els altres van acceptar amb gust la meva proposta, i ara estic més decidit que mai a pagar els meus deutes justos, perquè estic convençut que resulta més fàcil pagar-los que evitar-los.

Tractaré amb imparcialitat tots els meus creditors, encara que no pugui satisfer les necessitats i exigències d'alguns d'ells.

Tauleta núm. 4

Torna a ser lluna plena. He treballat amb fermesa i amb la ment alliberada. La meva bona esposa m'ha donat suport en el propòsit de pagar els creditors. Gràcies a la nostra saviesa i determinació, durant la darrera lluna he guanyat dinou monedes de plata en la compra d'uns camells robustos per al Nebatur.

Les he repartides segons el pla: he guardat una dècima part per estalviar, he compartit set dècimes parts amb la meva esposa per a les nostres necessitats, i les dues dècimes restants les he distribuïdes entre els creditors de la manera més equitativa possible, en monedes de coure. No he vist l'Ahmar, però he lliurat les monedes a la seva dona. El Birejik estava tan content que m'hauria besat la mà. Només el vell Alkahad ha rondinat, tot dient-me que li havia de pagar més de pressa, però li he respost que només podria fer-ho si estava ben alimentat i tranquil. Tots els altres m'han donat les gràcies i han elogiat els meus esforços.

D'aquesta manera, el meu deute s'ha reduït quatre monedes de plata en una lluna, i ara posseeixo gairebé dues monedes més i que ningú no pot reclamar-me. Em sento més lleuger que no pas de molt temps ençà.

La lluna plena torna a brillar. He treballat molt, però amb pocs resultats. Només he pogut comprar uns quants camells i he guanyat onze monedes de plata. Tot i això, la meva dona i jo ens hem mantingut fidels al pla, encara que no ens hàgim comprat vestits nous i només hàgim menjat una mica de sèmola. He tornat a estalviar una dècima part i hem viscut amb set dècimes. M'ha sorprès que l'Ahmar hagi elogiat el pagament, tot i ser petit, igual que el Birejik. L'Alkahad s'ha enfadat, però quan li he dit que em tornés la seva part si no la volia, l'ha acceptada. Els altres han estat contents, com abans.

La lluna plena torna a il·luminar el cel i la meva alegria és gran. He descobert una bona manada de camells i n'he comprat alguns de forts; els meus guanys han estat de quaranta-dues monedes de plata. Aquesta lluna, la meva dona i jo ens hem comprat sandàlies i roba que necessitàvem de feia temps. També hem menjat carn i aus.

Hem pagat més de vuit monedes de plata als nostres creditors, i ni tan sols l'Alkahad ha protestat.

El pla és formidable: ens allibera dels deutes i ens permet crear un tresor que és només nostre.

Ja fa tres llunes que vaig començar a gravar aquesta tauleta; en cadascuna he estalviat una dècima part del que he guanyat; en cadascuna, la meva bona esposa i jo hem viscut amb les set dècimes parts, fins i tot quan era difícil; en cadascuna, he pagat als creditors les dues dècimes parts.

Ara guardo a la meva bossa vint-i-una monedes de plata que són meves. Això em permet caminar amb el cap alt i amb orgull al costat dels meus amics.

La meva dona pot cuidar bé la casa i va ben vestida. Som feliços de viure junts.

Aquest pla té un valor immens. No ha convertit, potser, un antic esclau en un home honorable?

Tauleta núm. 5

La lluna plena torna a brillar, i recordo que ja fa molt de temps que vaig gravar la meva primera tauleta. Ja fa dotze llunes. Però no per això desatendré aquest registre, perquè avui mateix he pagat el meu darrer deute. Avui és el dia en què la meva bona esposa i jo celebrem el triomf que ens ha donat la nostra determinació.

Durant la meva darrera visita als creditors, han passat coses que recordaré durant molt de temps. L'Ahmar m'ha suplicat que li perdoni les seves paraules ofensives i m'ha dit que, de totes les coses, desitja especialment recuperar la meva amistat.

Al final, el vell Alkahad no és tan dolent, m'ha dit: «Abans eres com un tros d'argila tova que qualsevol mà podia prémer i modelar, però ara ets com una moneda de coure que pot sostenir-se dreta sobre el seu costat. Si necessites plata o or, vine a veure'm quan vulguis».

No és l'únic que em respecta; molts altres em parlen amb deferència. La meva bona esposa em mira amb aquella lluïssor als ulls que fa que un home se senti segur de si mateix. Però ha estat el pla el que m'ha dut l'èxit, el que m'ha fet capaç de retornar els diners dels meus deutes i de fer sonar l'or i la plata dins la meva bossa. El recomano a tots aquells que vulguin prosperar. Perquè, si ha pogut ajudar un esclau a pagar els seus deutes, no ajudarà també a qualsevol home a trobar la seva llibertat? I jo no l'he abandonat, perquè estic convençut que, si el segueixo, em farà un home ric entre els homes.

St. Swithin's College
Nottingham University
Newark-on-Trent, Nottingham

7 de novembre de 1936

Senyor professor Franklin Caldwell
Expedició Científica Britànica
Hillah, Mesopotàmia

Benvolgut professor:

Si en el transcurs de les seves properes excavacions a les ruïnes de Babilònia, troba el fantasma d'un vell ciutadà, un tractant de camells anomenat Dabasir, faci'm un favor: digui-li que aquelles divagacions que va escriure en unes tauletes d'argila fa molt de temps li han valgut la gratitud eterna de certes persones d'una facultat d'Anglaterra.

Segurament recordarà la meva carta de temps enrere, en la qual li deia que la meva dona i jo teníem la intenció de seguir el seu pla per alliberar-nos dels nostres deutes i, alhora, tenir uns quants diners a les butxaques. Deveu haver endevinat que aquells deutes ens avergonyien profundament, per molt que intentéssim amagar-los als nostres amics.

Feia anys que vivíem terriblement humiliats per aquells deutes, i ens sentíem intranquils fins a la malaltia per por que algun comerciant provoqués un escàndol que ens hauria obligat, amb tota seguretat, a deixar la facultat. Gastàvem cada xíling dels nostres ingressos, prou justos per sobreviure. Ens vèiem obligats a comprar allà on ens oferien crèdit, sense importar-nos si els preus eren més elevats.

La situació empitjorava, encallats en un cercle viciós que, en lloc de millorar, s'agreujava dia a dia. Els nostres esforços s'havien tornat desesperats; no podíem traslladar-nos a un lloc més barat perquè encara devíem mesades pel lloguer al propietari. Tot semblava indicar que no podríem fer res per millorar la situació.

Aleshores va aparèixer el nostre nou amic, el vell tractant de camells de Babilònia, amb un pla capaç d'aconseguir justament allò que desitjàvem. Ens encoratjà amablement a seguir el seu sistema.

Vam fer una llista de tots els deutes que teníem, i la vaig mostrar a tots els nostres creditors.

Els vaig explicar que, tal com anaven les coses, era impossible pagar-los. Ells mateixos ho podien veure si miraven les xifres. Aleshores els vaig dir que l'única manera que veia de poder tornar-los-ho tot era apartar el vint per cent dels meus ingressos mensuals, dividir-lo equitativament entre ells i, d'aquesta manera, saldar el deute en una mica més de dos anys.

Durant aquell temps faríem totes les compres al comptat.

Tots es van mostrar raonables; el nostre botiguer, un vell assenyat, acceptà aquesta manera de saldar el deute. «Si em paguen al comptat tot el que compren i, a més, van tornant el que em deuen, és millor que no pagar-me res», digué. Feia tres anys que no li havíem pagat res.

Finalment vaig guardar en un lloc segur una llista amb els seus noms i una carta en què, d'acord mutu, els demanava que no ens importunessin mentre anéssim desemborsant el vint per cent dels nostres ingressos. Vam començar a traçar plans per idear com viure amb el setanta per cent del que guanyàvem. I estàvem decidits a estalviar el deu per cent restant per tal de fer-lo sonar dins les nostres bosses; la idea de la plata –i possiblement de l'or– era d'allò més seductora.

Aquest canvi en la nostra vida fou tota una aventura. Vam aprendre a gaudir calculant i avaluant com viure còmodament amb el setanta per cent que ens quedava. Vam començar pel lloguer i vam aconseguir una bona rebaixa. Després vam revisar les nostres marques preferides de te i d'altres productes, i vam quedar agradablement sorpresos en veure que podíem trobar més bona qualitat a un preu més baix.

És massa llarg d'explicar per carta, però, al cap i a la fi, no va resultar tan difícil. Ens vam adaptar a la nova situació amb el millor dels ànims. Quin alleujament, comprovar que els nostres assumptes econòmics ja no estaven en un estat en què les antigues factures impagades ens fessin patir!

Tanmateix, no oblidaré parlar-vos del deu per cent que estàvem obligats a fer sonar a les nostres bosses. Doncs bé, només el vam fer sonar durant cert temps, no gaire. I sabeu què?, aquesta és la part divertida: és fantàstic començar a acumular diners que un no vol gastar, es té més plaer gestionant una quantitat així que no pas gastant-la.

Després d'haver-lo fet sonar per al gaudi, li vam trobar un ús més profitós: vam triar un pla d'inversions que podíem assumir amb aquest deu per cent cada mes. Aquesta decisió s'acabà revelant com la més satisfactòria de la nostra regeneració i és la primera cosa que paguem amb la meva nòmina.

Saber que els estalvis creixen constantment és una sensació d'allò més gratificant. Fins que acabi la meva carrera acadèmica, aquests estalvis haurien de constituir una suma suficient perquè les rendes ens bastin a partir de llavors.

I tot amb el mateix salari. Difícil de creure, però cert: paguem els deutes gradualment, alhora que els estalvis augmenten. A més, ara ens en sortim millor que abans, en el terreny econòmic. Qui hauria dit que hi havia tanta diferència entre seguir un pla i deixar-se portar?

A finals de l'any vinent, quan hàgim pagat totes les factures, podrem invertir més i estalviar per poder viatjar. Estem decidits a aconseguir que les despeses corrents no superin el setanta per cent dels ingressos.

Ara podeu entendre per què ens agradaria expressar el nostre agraïment personal a aquell individu el pla del qual ens ha salvat d'un infern a la terra. Ell ho coneixia: havia passat per tot això i volia que altres es beneficiessin de les seves amargues experiències. Per això es va passar hores i hores gravant el seu missatge a l'argila.

Tenia un missatge autèntic per transmetre als seus companys de sofriment, un missatge tan important que, al cap de cinc mil anys, ha sorgit de les ruïnes de Babilònia tan viu i veritable com el dia en què va ser enterrat.

El vostre afectíssim,
Alfred H. Shrewsbury
Departament d'Arqueologia

10. El babiloni més afavorit per la sort

Sharru Nada, el príncep comerciant de Babilònia, avançava amb orgull al capdavant de la seva caravana. Li agradaven els teixits fins i duia robes cares i elegants. Li agradaven els animals de raça i muntava amb agilitat un semental àrab. Era difícil endevinar-ne l'edat avançada tan sols mirant-lo. Certament, ningú no hauria pogut sospitar que estava turmentat interiorment.

El viatge a Damasc havia estat llarg i ple de dificultats. Això no el preocupava; les tribus àrabs eren ferotges i àvides de saquejar-li les riques caravanes, però ell no tenia por, ja que les seves nombroses tropes de guàrdia li garantien una bona protecció.

El que el pertorbava era la presència d'aquell jove que duia amb ell des de Damasc: el Hadan Gula, net del seu antic soci Arad Gula, a qui devia una gratitud eterna. Volia fer alguna cosa per aquell jove, però com més hi pensava, més difícil li semblava, justament a causa del seu caràcter.

«Creu que les joies són cosa d'homes», pensà Sharru Nada mentre observava els anells i les arracades del noi, «i tanmateix té el rostre enèrgic del seu avi. Però ell no duia robes de colors tan cridaners». L'havia convidat a viatjar amb ell perquè esperava que podria ajudar-lo a fer-se una fortuna i a fugir del malbaratament amb què el seu pare havia dissipat l'herència.

El Hadan Gula va posar fi a les seves reflexions:

—Per què treballeu tan durament, sempre d'un costat a l'altre amb la caravana, fent viatges tan llargs? Mai no us preneu temps per gaudir de la vida?

—Gaudir de la vida? –va repetir tot somrient Sharru Nada–. I què faries tu per gaudir-ne, si fossis Sharru Nada?

—Si tingués una fortuna com la vostra, viuria com un príncep. Mai no travessaria el desert; gastaria els xéquels tan de pressa com em caiguessin a la bossa; duria les robes més cares i les joies més rares. Aquesta seria una vida del meu gust, una vida digna de ser viscuda.

Els dos homes rigueren.

—El teu avi no duia joies –digué Sharru Nada sense pensar, i després, en to de broma, afegí–: I no et deixaries temps per treballar?

—El treball és per als esclaus –respongué el Hadan Gula.

Sharru Nada es mossegà els llavis però no replicà. Va continuar en silenci fins que el camí els dugué a una costa. Allà frenà la muntura i assenyalà cap a la llunyana vall verda:

—Mira la vall; mira més enllà i podràs veure les muralles de Babilònia. Aquella torre és el temple de Bel. Si tens la vista aguda, fins i tot podràs distingir el fum del foc etern al cim.

—Així, allò és Babilònia? –digué el Hadan Gula amb entusiasme–. Sempre he desitjat veure la ciutat més rica del món, allà on el meu avi començà a aixecar la seva fortuna. Si encara fos viu, no estaríem ara oprimits i arruïnats.

—Per què desitges que el seu esperit romangui a la terra més temps del que li corresponia? Tu i el teu pare podríeu culminar la seva obra.

—Malauradament, cap dels dos tenim els seus dons. El meu pare i jo no coneixem el secret per atreure els xéquels d'or.

Sharru Nada no respongué, però va afluixar les regnes de la muntura i va baixar, pensatiu, pel sender que duia a la vall. La caravana els seguia embolcallada en un núvol vermell de pols. Més tard arribaren al camí reial i prengueren rumb cap al sud, tot travessant unes terres regades.

Tres vells que treballaven en un camp van cridar l'atenció de Sharru Nada. Li semblaven estranyament familiars. Quin disbarat! No es passa quaranta anys després pel mateix camp i s'hi troben els mateixos llauradors. I tanmateix, alguna cosa li deia que eren els mateixos. Un d'ells sostenia feblement l'arada; els altres dos, al costat dels bous, s'esforçaven en va a fer-los avançar.

Quaranta anys enrere, ell havia envejat aquells homes. Els hauria intercanviat de bon grat el lloc! Però quina diferència, ara. Es girà per mirar la seva caravana amb orgull: camells i ases ben triats i carregats de mercaderies valuoses provinents de Damasc. Tots aquells béns, llevat d'un, li pertanyien.

Tot assenyalant els llauradors, digué:

—Llauren el mateix camp des de fa quaranta anys.

—S'hi deuen assemblar. Què us fa pensar que són els mateixos?

—Ja els havia vist aquí –respongué Sharru Nada.

Els records li recorregueren la ment amb rapidesa. Per què no podia viure en el present i enterrar el passat? Va veure aleshores, com en una imatge, el rostre somrient de l'Arad Gula. La barrera entre ell i aquell jove cínic que tenia al costat s'esfondrà.

Però com podia ajudar un jove arrogant, amant del luxe i amb les mans cobertes de joies? Podia oferir feina a homes disposats a treballar, però no a aquells que consideraven el treball indigne d'ells. Tot i així, devia a l'Arad Gula alguna cosa més concreta que una temptativa a mitges. L'Arad Gula i ell mai no havien fet les coses a mitges; estaven fets d'una altra fusta.

De sobte se li acudí un pla. No li resultaria fàcil. Havia de considerar la seva família i el seu propi estatus. Seria cruel, causaria dolor. Però com que era un home de decisions ràpides, va deixar de banda les objeccions i es va determinar a actuar.

—T'agradaria saber com el teu avi i jo vam formar una societat que resultà tan avantatjosa?

—Per què no m'expliqueu només com vau aconseguir els xéquels d'or? Això és tot el que necessito saber –replicà el jove.

—Comencem pels homes que estan llaurant –continuà Sharru Nada, ignorant la resposta–. Jo no era més vell que tu. Quan la columna d'homes de la qual jo formava part s'hi acostava, el Megido, el llaurador, es burlà de la manera com treballaven. El Megido estava encadenat al meu costat. «Mira aquests ganduls», va protestar. «Aquell que aguanta l'arada no fa prou força per llaurar a fons, i els altres no vigilen que els bous segueixin el solc. Com poden esperar una bona collita si treballen tan malament?».

—Heu dit que el Megido estava encadenat al vostre costat? –preguntà el Hadan Gula, sorprès.

—Sí, dúiem un collaret de bronze al coll i una cadena pesada ens unia els uns als altres. Prop d'ell hi havia el Zabado, el lladre de xais que vaig conèixer a Harrun. Al final de la cadena, un home a qui anomenàvem «el Pirata» perquè no volia dir-nos el seu nom. Vam suposar que havia estat mariner, perquè tenia tatuades al pit unes serps enroscades, com els homes de mar.

La columna estava organitzada perquè els homes poguessin avançar de quatre en quatre.

—Anàveu encadenat com un esclau? –preguntà el Hadan Gula, incrèdul.

—El teu avi no et va dir que jo havia estat esclau en un altre temps?

—Parlava sovint de vós, però mai no hi va fer al·lusió.

—Era un home a qui es podien confiar els secrets més íntims. Tu també ets un home de confiança, oi? –li digué Sharru Nada, i el mirà fixament als ulls.

—Podeu comptar amb el meu silenci, però estic molt sorprès. Expliqueu-me com vau arribar a ser un esclau.

—Qualsevol pot trobar-se en aquesta situació. –Sharru Nada s'encongí d'espatlles–. Una casa de joc i la cervesa d'ordi em van dur a la ruïna. Vaig pagar pels delictes del meu germà. Durant una baralla, ell va matar el seu amic; el meu pare, desesperat, em lliurà a la vídua perquè el meu germà no fos perseguit per la llei. Quan el meu pare no pogué aconseguir prou diners per alliberar-me, ella es va enfurismar i em vengué al mercat d'esclaus.

—Quina vergonya i quina injustícia! –protestà el Hadan Gula–. Però digueu-me, com vau recuperar la llibertat?

—Ja hi arribarem, però encara no. Continuem la història.

»Quan vam passar davant d'ells, els llauradors se'n burlaren. Un es va treure el capell i ens saludà amb una inclinació. «Benvinguts a Babilònia!», cridà, «convidats del rei! Us espera dalt de les muralles, on el banquet ja és a punt: maons de fang i sopa de ceba!». I rigueren a pler.

»El Pirata s'enfurismà i els maleí.

»«Què vol dir això que el rei ens espera a les muralles?», vaig preguntar.

»«A les muralles de la ciutat haurem de portar maons fins que se'ns trenqui l'esquena, o potser ens apallissaran fins a la mort abans d'això».

»«Qui vol treballar durament?», comentà el Zabado. «Aquests llauradors són vius: no es trenquen l'esquena, només ho fan veure».

»«No es pot prosperar sent un dropo», replicà el Megido. «Si llaures una hectàrea, hauràs fet una bona jornada, tant se val si el teu amo ho sap o no. Si només en fas la meitat, ets un gandul. Jo no ho soc; m'agrada treballar i fer-ho bé, perquè la feina és el millor amic que he conegut. M'ho ha donat tot: la granja i les vaques, les collites, tot».

»«I on és tot això ara?», se'n burlà el Zabado. «Jo crec que és més profitós ser llest i passar desapercebut sense treballar. Mira'm a mi: quan ens venguin, jo portaré aigua o faré alguna altra feina fàcil, mentre tu, que t'agrada treballar, et partiràs l'esquena carregant maons», i rigué estúpidament.

»Aquella nit, el terror s'apoderà de mi i no podia dormir. Em vaig acostar a la línia de guàrdia i, quan els altres dormien, vaig cridar l'atenció del Godoso, que feia el primer torn. Era un d'aquells dròpols àrabs, una mena de bergant que creia que, si et robava, a sobre t'havia de tallar el coll.

»«Digues-me, Godoso», li vaig xiuxiuejar, «ens vendran quan arribem a les muralles de Babilònia?».

»«Per què ho vols saber?», em preguntà amb cautela.

»«No ho entens?», li vaig suplicar. «Soc jove i vull viure. No vull que m'acuitin ni que m'assotin fins a la mort. Tinc cap possibilitat de trobar un bon amo?».

»«Et diré una cosa», em xiuxiuejà: «Ets un bon noi, no em duus problemes. Sovint som els primers a anar al mercat d'esclaus. Escolta, quan vinguin els compradors, digues-los que ets un bon treballador, que t'agrada treballar de valent i per a un bon amo. Si no els encoratges a comprar-te, l'endemà et veuràs traginant maons: una feina esgotadora».

»Després s'allunyà. Em vaig ajeure a la sorra calenta a mirar els estels i vaig pensar en la feina. Allò que havia dit el Megido que la feina era el seu millor amic em va fer preguntar-me si també ho seria per a mi. Ho seria de debò si m'ajudava a alliberar-me.

»Quan el Megido es despertà, li vaig murmurar la bona nova. Una espurna d'esperança ens acompanyà de camí a Babilònia. A mitja tarda ens acostàrem a les muralles i albiràrem tot de files d'homes, com formigues negres, que pujaven pels senders costeruts. En arribar-hi, ens va sorprendre de veure milers d'homes treballant: alguns excavaven fossats, d'altres convertien la terra en maons de fang. La majoria carretejava maons en grans cistells pels camins empinats fins on eren els paletes.[1]

»Els vigilants insultaven aquells que quedaven endarrerits i feien espetegar els fuets a l'esquena dels qui s'apartaven de la fila. Alguns pobres homes, extenuats, queien sota el pes de les cistelles, incapaços d'aixecar-se. Si el fuet no els revifava, els apartaven i els deixaven a un costat. Aviat rodolaven pendent avall, amb altres cossos d'esclaus que esperaven al camí una tomba sense benedicció. Em vaig estremir davant d'aquella

---

1. Les grans construccions de l'antiga Babilònia –muralles, temples, jardins penjants i canals– van ser possibles gràcies al treball dels esclaus, sobretot presoners de guerra, cosa que explica el tracte inhumà que rebien. Alguns també eren ciutadans de Babilònia o de les seves províncies, venuts com a esclaus per delictes o per problemes financers. Era costum que els homes s'oferissin ells mateixos o oferissin la família com a garantia per a préstecs, plets i altres obligacions; per això, en cas d'impagament, podien ser venuts com a esclaus.

escena: allò era el que esperava al fill del meu pare si no tenia èxit al mercat d'esclaus.

»El Godoso tenia raó. Vam travessar les portes de la ciutat i ens conduïren a la presó d'esclaus; l'endemà al matí ens dugueren al recinte del mercat. Allà, els altres esclaus s'amuntegaven espantats, i només el fuet els feia moure per tal que els veiessin els compradors. El Megido i jo parlàvem animadament amb tots els homes que ens ho permetien.

»El venedor d'esclaus cridà els soldats de la guàrdia reial, que encadenaren el Pirata i el colpejaren brutalment tan bon punt protestà. Quan se'l van endur, vaig sentir pena per ell.

»El Megido va intuir que aviat ens separarien, així que, quan no hi havia compradors a prop, em parlava seriosament perquè entengués fins a quin punt la feina seria important en el meu futur.

»«Hi ha qui odia la feina», deia, «i la converteix en enemiga. És millor tractar-la com a una amiga, fer-te-la teva. No t'amoïnis si és dura. Quan vols bastir una bona casa, no t'importa que les bigues pesin o que el pou d'on treus l'aigua per al guix sigui lluny. Promet-me, noi, que, si tens amo, treballaràs per ell tant com puguis. No t'inquietis si ell no aprecia la teva feina. Recorda que la feina ben feta fa bé a qui la porta a cap; el converteix en un home millor».

»Aquí s'aturà perquè un pagès corpulent s'acostava a la tanca per mirar-nos amb interès. El Megido li preguntà per la seva granja i pels conreus, i el va convèncer que li seria molt útil. Després d'un regateig intens amb el venedor, el pagès tragué una gran bossa d'or de sota la túnica; poc després, el Megido seguia el seu nou amo i desapareixia.

»Altres homes van ser venuts al llarg del matí. Al migdia, el Godoso em confià que el venedor n'estava tip i que no passaria una nit més allà: al capvespre duria la resta d'esclaus al comprador del rei.

»Jo ja desesperava de la meva sort quan un home gras i d'aspecte afable s'acostà a la tanca i preguntà si entre nosaltres hi havia cap pastisser.

»«Per què un bon pastisser com vós necessita un pastisser de segona?», li vaig dir mentre m'hi apropava. «No us seria més fàcil ensenyar a un home de bona voluntat com jo els secrets del vostre ofici? Mireu-me: soc jove, fort i m'agrada treballar. Doneu-me una oportunitat i faré tot el que pugui per omplir-vos la bossa d'or».

»Va quedar impressionat per la meva disposició i començà a regatejar amb el venedor. Ell, que mai no s'havia fixat en mi des que m'havia comprat, ara lloava amb gran eloqüència les meves virtuts, la bona salut i el bon caràcter. Em vaig sentir com un bou engreixat a la venda.

»Per a la meva gran alegria, al final es tancà el tracte i me'n vaig anar amb el meu nou amo tot pensant que era l'home més afavorit de Babilònia.

»La meva nova casa m'agradava. El Nana-Naid, el meu amo, m'ensenyà a moldre l'ordi en un morter de pedra, a encendre el forn i, finalment, a moldre ben fina la farina de sèsam per fer pastissos de mel. Dormia al graner on es guardava el gra. L'esclava vella, la criada Swasti, m'alimentava bé i estava contenta que l'ajudés amb les feines més feixugues.

»Aquella era l'oportunitat, que amb tanta ànsia havia desitjat, de ser útil al meu amo, i esperava trobar-hi el camí cap a la llibertat.

»Vaig demanar al Nana-Naid que m'ensenyés a pastar i coure el pa, i ho feu, satisfet amb la meva bona voluntat. Més endavant, quan ja dominava aquestes tècniques, li vaig demanar que em mostrés com fer els pastissos de mel, i aviat vaig encarregar-me de la pastisseria sencera. El meu amo estava encantat de no fer res, però la Swasti negava amb el cap, desaprovant-ho: «No és bo per a cap home estar sense treballar», deia.

»Vaig pensar que era hora de trobar una manera de guanyar monedes per comprar la meva llibertat. Com que acabava la feina al migdia, vaig pensar que al Nana-Naid li semblaria bé que busqués una ocupació profitosa a les tardes, i ens en repartiríem els beneficis. Se m'acudí una idea: què tal si fes més pastissos de mel per vendre'ls als homes famolencs pels carrers de la ciutat?

»Vaig presentar el meu pla al Nana-Naid de la següent manera: «Si, un cop acabada la pastisseria, puc disposar de les tardes per fer-vos guanyar més diners, no seria just que compartíssiu una part dels guanys amb mi? Així tindria diners propis per comprar allò que qualsevol home desitja i necessita».

»«És bastant just», admeté.

»Quan li vaig explicar el pla de vendre pastissos de mel, es mostrà molt satisfet: «Mira què farem», proposà, «els vendràs a un cèntim la parella; em tornaràs la meitat del que guanyis per pagar la farina, la mel i la llenya del forn. De la meitat restant, jo me'n quedaré una part i l'altra serà per a tu».

»Estava ben content amb aquella generosa oferta que em deixava una quarta part de les vendes. Aquella nit vaig treballar fins tard per fer una safata on col·locar els pastissos. El Nana-Naid em donà una de les seves túniques usades perquè tingués un aspecte presentable, i la Swasti me la va arranjar i rentar.

»A l'endemà vaig fer una bona quantitat de pastissos de mel. Vaig començar a proclamar la mercaderia tot passejant pel carrer; semblaven ben cuits i apetitosos. Al principi ningú no s'hi interessava i em vaig desanimar, però vaig continuar i, quan més tard els homes van tenir gana, començaren a comprar i la safata quedà buida de seguida.

»El Nana-Naid estava molt content del meu èxit i em pagà la meva part de bon grat. Jo estava exultant de tenir diners. El Megido tenia raó: l'amo aprecia la feina d'un bon esclau. Aquella nit estava tan excitat que gairebé no vaig poder dormir, feia comptes de quant podria guanyar en un any i quants anys necessitaria per comprar la llibertat.

»Passejant amb la safata, aviat vaig fer clients habituals. Un d'ells era precisament el teu avi, l'Arad Gula. Era venedor de catifes, recorria la ciutat de cap a cap amb un ase carregat de catifes i un esclau negre que el servia. Comprava dos pastissos per a ell i dos per a l'esclau, i sempre s'entretenia a parlar amb mi mentre se'ls cruspien.

»El teu avi em digué una cosa que sempre recordaré: «M'agraden els teus pastissos, noi, però m'agrada encara més la fal·lera amb què els vens. Un esperit així et pot dur molt lluny pel camí de l'èxit».

»Pots comprendre, Hadan Gula, què van significar per a un jove esclau, sol en una gran ciutat, aquelles paraules d'ànim mentre lluitava amb si mateix per trobar una sortida a la seva humiliació?

»A mesura que passaven els mesos, la meva bossa, sempre penjada al cinturó, tenia un pes cada cop més reconfortant. La feina s'havia convertit en el meu millor amic, tal com havia predit el Megido. Jo era feliç, però la Swasti estava intranquil·la.

»«Tinc por pel teu amo, passa massa temps a les cases de joc», protestava.

»Un dia vaig esclatar d'alegria en trobar-me el meu amic Megido al carrer. Duia tres ases carregats de verdures cap al mercat. «Em va força bé», digué. «El meu amo aprecia la meva feina i ja soc capatàs. Mira: m'ha confiat els productes per vendre'ls al mercat i fins i tot ha fet venir la meva família. La feina m'ajuda a refer-me de la gran desgràcia i algun dia m'ajudarà també a comprar la llibertat i a tornar a tenir una granja».

»El temps passà i el Nana-Naid tenia cada dia més pressa per veure'm tornar de les vendes. Esperava impacient, comptava els diners i els dividia. Em pressionava perquè busqués nous clients i augmentés les vendes.

»Sovint anava més enllà de les portes de la ciutat, a trobar els vigilants dels esclaus que construïen les muralles. Odiava veure aquelles escenes, però els vigilants eren bons compradors. Un dia, amb sorpresa, vaig veure el Zabado esperant a la fila per omplir el cistell de maons. Era prim, encorbat, i la seva esquena s'havia convertit en una sola nafra de fuetades. Em va doldre i li vaig donar un pastís, que es va aixafar contra la boca com una bèstia famolenca. En veure-li l'afany als ulls, vaig córrer abans no m'arrabassés la safata.

»«Per què treballes tan durament?», em preguntà un dia l'Arad Gula; era gairebé la mateixa pregunta que tu m'has fet avui, te'n recordes? Li vaig explicar allò del Megido sobre la feina i com havia esdevingut el meu millor amic. Li vaig ensenyar, orgullós, la bossa de monedes i li vaig dir que estalviava per comprar la llibertat.

»«Què faràs quan siguis lliure?», em preguntà.

»«Tinc la intenció de fer-me mercader», vaig respondre.

»Aleshores em confià quelcom que mai no hauria sospitat: «No saps que jo també soc esclau? Soc soci del meu amo».

—Prou! –li ordenà el Hadan Gula, amb els ulls brillants de còlera–. No escoltaré calúmnies sobre el meu avi. Ell no era cap esclau.

Sharru Nada digué calmat:

—L'honoro per haver-se alçat de la desgràcia i haver-se convertit en un gran ciutadà de Damasc. I tu, el seu net, estàs fet de la mateixa fusta? Ets prou home per afrontar la realitat o prefereixes viure d'il·lusions?

El Hadan Gula es redreçà a la sella i respongué amb la veu presa per una emoció profunda:

—Tothom estimava el meu avi; les seves bones obres foren innombrables. No fou ell qui, en arribar la fam, comprà gra a Egipte i el transportà en caravana per repartir-lo al poble perquè no morís? Per què dieu que no era més que un menyspreable esclau de Babilònia?

—Si sempre hagués estat esclau, potser hauria estat menyspreable; però quan, gràcies al seu esforç, es convertí en un gran home a Damasc, segur que els déus li perdonaren les desgràcies i l'honraren amb el seu respecte –respongué Sharru Nada.

»Després de dir-me que era esclau, m'explicà fins a quin punt desitjava recuperar la llibertat. Ara que tenia prou diners per comprar-la, l'amoïnava el futur. Ja no venia com abans i temia el moment en què ja no comptés amb el suport del seu amo.

»Em vaig indignar per la seva indecisió: «No t'amarris més al teu amo. Torna a sentir-te un home lliure: actua com a tal i triomfa com a tal. Decideix què vols aconseguir i la feina t'hi ajudarà». Va prosseguir el seu camí després de dir-me que s'alegrava que l'hagués fet avergonyir de la seva covardia.[2]

---

2. Els costums que regien l'esclavitud a l'antiga Babilònia, per bé que avui ens semblin contradictoris, estaven estrictament fixats per la llei. Un esclau podia posseir béns de tota mena –fins i tot altres esclaus–, sobre els quals l'amo no tenia potestat. Els esclaus es casaven lliurement amb persones lliures, i els fills de mare lliure naixien lliures. Bona part dels comerciants de la ciutat eren esclaus; molts tenien negocis conjunts amb els seus amos i eren rics.

»Un dia vaig sortir fora de les muralles i em va sorprendre veure-hi una gran multitud. Quan vaig preguntar a un home què passava, em respongué: «No ho has sentit? Han dut davant la justícia un esclau fugitiu que ha matat un guardià, i el fuetejaran fins a la mort. Fins i tot el rei hi serà present».

»La gentada a prop del pal de flagel·lació era tan nombrosa que vaig témer d'acostar-m'hi, no fos cas que m'aboquessin la safata de pastissos de mel. Vaig pujar, doncs, a la muralla inacabada per mirar per damunt dels caps. Vaig tenir la sort de veure Nabuconodosor en persona, que avançava en el seu carro daurat. No havia vist mai una magnificència semblant: vestits esplendorosos, teixits daurats i guarnits de vellut.

»No vaig poder veure la flagel·lació, però sí que vaig sentir els crits esgarrifosos del pobre esclau. Em vaig preguntar com podia un home tan noble com el nostre rei acceptar tal sofriment; però, en veure'l riure i bromejar amb els nobles, vaig comprendre que era cruel i vaig entendre per què imposaven als esclaus que construïen les muralles aquelles tasques inhumanes.

»Un cop mort l'esclau, en penjaren el cos per una cama al pal perquè tothom el pogués veure. Quan la multitud començà a dispersar-se, m'hi vaig acostar: al pit vaig reconèixer el tatuatge de dues serps enroscades. Era el Pirata.

»Quan vaig tornar a veure l'Arad Gula, era un altre home. Em va rebre amb entusiasme: «Mira l'esclau lliure! Les teves paraules han estat màgiques. Ja m'augmenten les vendes i els beneficis, i la meva dona, que és lliure, neboda del meu amo, n'està encantada. Vol que ens traslladem a un poble on ningú no sàpiga que jo he estat esclau. Així, els nostres fills quedaran al marge de qualsevol retret per la desgràcia del pare. La feina m'ha ajudat més que res: m'ha retornat la confiança i l'habilitat per vendre».

»Jo estava feliç d'haver-lo pogut ajudar, encara que només fos retornant-li l'ànim que ell m'havia donat.

»Una nit, la Swasti vingué torbada: «El teu amo té problemes. Tinc por per ell. Fa uns mesos va perdre molts diners al joc; ja no paga al pagès la farina ni la mel, ni al prestador. Ara estan enrabiats i l'amenacen».

»«Per què ens hem d'amoïnar per les seves bogeries?», vaig dir, irreflexiu. «No en som els guardians».

»«Desgraciat, no entens res», em retreia. «Ha posat el teu títol a mans del prestador com a aval. Segons la llei, et pot reclamar i vendre't. No sé què fer; és un bon amo. Per què li ha de caure a sobre una desgràcia així?».

»Els temors de la Swasti eren fundats. Mentre a l'endemà al matí preparava els pastissos, va arribar el prestador amb un home que es deia Sasi. Em mirà i digué que li semblava un bon tracte. El prestador no esperà que arribés el meu amo i digué a la Swasti que li fes saber que se m'enduien. Amb només la roba que portava posada i la bossa ben fermada al cinturó, em van obligar a deixar els pastissos a mig fer.

»M'havien arrencat dels meus anhels com un huracà arrenca un arbre del bosc i el llança a la mar tempestuosa. Una casa de joc i la cervesa d'ordi tornaven a portar-me la desgràcia. El Sasi era brusc, aspre. Mentre em conduïa per la ciutat, jo li explicava la bona feina que havia fet per al Nana-Naid i li deia que esperava fer el mateix per a ell. La seva resposta no em va donar gens d'ànims: «No m'agrada aquesta feina, ni al meu amo tampoc. El rei li ha manat que m'enviï a construir una part del Gran Canal. M'ha dit que comprés més esclaus, que treballéssim de valent i que ho acabéssim de pressa. Com vols acabar de pressa una obra tan enorme?».

»Imagina't el desert sense arbres: només mates baixes i un sol tan ardent que l'aigua dels bots s'escalfava fins al punt que costava de beure. Després, imagina't files d'homes que baixen a un clot profund i pugen arrossegant cistells pesants plens de terra i per senders polsegosos, de sol a sol. Imagina't el menjar servit en abeuradors que fèiem servir com els porcs. No teníem tendes ni palla per als llits. En aquesta situació em vaig trobar. Vaig enterrar la bossa en un lloc marcat, tot preguntant-me si algun dia me'n podria sortir.

»Al principi treballava amb bona voluntat, però a mesura que passaven els mesos, notava com se'm trencava l'ànima. Després, la febre es va apoderar del meu cos masegat. Vaig perdre la gana i gairebé no podia empassar-me el be i les verdures que ens donaven. A la nit, m'agitava al jaç sense poder dormir.

»En la meva misèria, em preguntava si no era millor el pla del Zabado: gandulejar i intentar no trencar-se l'esquena. Aleshores vaig recordar l'última vegada que l'havia vist, i vaig comprendre que el seu pla no era bo. Vaig pensar en el Pirata i em vaig preguntar si no era preferible lluitar i matar; la memòria del seu cos ensangonat em recordà que també el seu pla era inútil.

»Després vaig pensar en el Megido: les seves mans, endurides per la feina, i el cor lleuger; la felicitat al rostre. El seu pla era el millor. I, tanmateix, jo estava tan disposat a treballar com ell; més no hauria pogut fer. Per què la meva feina no em donava felicitat i èxit? Era la feina el que li havia donat a ell la felicitat i l'èxit, o bé aquests dons són en mans dels déus? Treballaria la resta de la meva vida sense satisfer els meus desitjos, sense èxit ni felicitat? Totes aquestes preguntes s'amuntegaven sense resposta. Jo estava dolorosament confós.

»Uns quants dies després, quan ja em creia al límit de les forces i les preguntes persistien sense resposta, el Sasi em feu cridar. El meu amo havia enviat un missatger perquè em dugués a Babilònia. Vaig cavar per recuperar el meu sarronet preciós, me'l vaig amagar entre els parracs i vaig partir.

»En marxar, els mateixos pensaments em seguien donant voltes dins el cervell febril, com un huracà girant al meu voltant. Em semblava viure l'estranya lletra d'una cançó d'Harrun, la meva ciutat natal:

Mira l'home que, com un torb,
es comporta com la tempesta;
en la seva cursa ningú no el pot seguir
i el seu destí ningú no el pot predir.

»Era el meu destí que se'm castigués per no sabia què? Quines misèries i decepcions m'esperaven?

»Imagina't la meva sorpresa quan, en arribar al pati de la casa del meu amo, vaig veure que l'Arad Gula m'esperava. M'ajudà a entrar i m'abraçà com a un germà retrobat després de molt de temps.

»Pel camí l'hauria seguit com un esclau segueix el seu amo, però ell no m'ho va permetre. Em passà el braç per les espatlles i em digué: «T'he buscat per tot arreu. Quan ja havia perdut l'esperança, vaig trobar la Swasti, que m'explicà la història del prestador i em conduí fins al teu noble amo. Ell ha negociat amb duresa i m'ha fet pagar un preu exorbitant, però tu el vals. La teva filosofia i la teva audàcia han inspirat el meu èxit actual».

»«És la filosofia del Megido, no pas meva», vaig interrompre'l.

»«Del Megido i teva», respongué ell. «Gràcies a tots dos, ara anirem a Damasc, on et necessito com a soci. Mira!», exclamà, «d'aquí a un instant seràs un home lliure!».

»I en haver dit això, es va treure de sota la roba una tauleta d'argila que era el meu títol d'esclau. L'alçà per damunt del cap i la llançà amb força contra l'empedrat fins a fer-la miques. Després va trepitjar amb alegria els bocins fins que quedaren reduïts a pols.

»Els ulls se m'ompliren de llàgrimes d'agraïment. Sabia que era l'home més afortunat de Babilònia.

»Veus? En el moment de més angoixa, la feina va resultar ser el meu millor amic. La meva bona voluntat per treballar em va evitar que anés a parar amb els esclaus que construïen les muralles, i va impressionar tant el teu avi que volgué fer-me el seu soci.

—Aleshores, el treball era la clau secreta dels xéquels d'or del meu avi? –preguntà el Hadan Gula.

—Era l'única clau que tenia quan el vaig conèixer –respongué Sharru Nada–. Al teu avi li agradava treballar; els déus apreciaren el seu esforç i el van recompensar generosament.

—Començo a comprendre-ho –digué el Hadan Gula, pensatiu–. El treball va atreure els seus nombrosos amics, que admiraven en ell la perseverança i l'èxit que li proporcionava. El treball li donà els honors que tant apreciava a Damasc. El treball li aportà totes aquelles coses de què jo he gaudit. I jo, insensat, creia que el treball era només per als esclaus!

—La vida és plena de nombrosos plaers dels quals l'home pot gaudir –comentà Sharru Nada–, i cadascun té el seu lloc. Estic content que el treball no estigui només reservat als esclaus; si fos així, jo estaria privat del meu plaer més gran. Hi ha moltes coses que m'agraden, però res no substitueix la feina.

Sharru Nada i el Hadan Gula passaren sota l'ombra de les altes muralles cap a les massisses portes de bronze de Babilònia. En arribar-hi, els guardians es redreçaren i saludaren respectuosament l'honorable ciutadà. Amb el cap ben alt, Sharru Nada conduí la llarga caravana a través de les portes i pels carrers de la ciutat.

—Sempre he volgut ser un gran home com el meu avi –li confià el Hadan Gula–. Mai no havia entès quin tipus d'home era. Vós m'ho heu mostrat. Ara ho entenc, l'admiro encara més i em sento més decidit que mai a convertir-me en un home com ell. Em temo que mai no podré pagar-vos per haver-me confiat l'autèntica clau del seu èxit; a partir d'avui la faré servir. Començaré humilment, com ell, i això estarà més d'acord amb la meva veritable condició que no pas les joies i les robes elegants.

I, dient això, el Hadan Gula es tragué els anells dels dits i les arracades de les orelles. Afluixà les regnes del cavall, retrocedí uns passos i es col·locà darrere el cap de la caravana amb un profund respecte.

11. Un resum històric de Babilònia

No hi ha hagut, al llarg de la història, una ciutat més fascinant que Babilònia. El seu nom evoca visions de riquesa i esplendor, i els seus tresors d'or i joies eren llegendaris. Podríem imaginar que una ciutat així s'aixecava en un indret privilegiat, envoltada de boscos, mines o riqueses naturals, en un clima exuberant. Però no era així: s'estenia al llarg dels rius Tigris i Eufrates, en una vall àrida i plana, sense boscos, sense mines, sense ni tan sols pedra per construir-hi. No estava situada en una ruta comercial natural, i les pluges eren massa escasses per garantir bones collites.

Babilònia és un exemple magnífic de la capacitat de l'ésser humà per assolir grans fites amb els mitjans de què es disposa. Tots els seus recursos foren fruit de la intel·ligència i el treball humà.

Només hi havia dos recursos naturals: una terra fèrtil i l'aigua del riu. Gràcies a una de les obres d'enginyeria més extraordinàries de tots els temps, els enginyers babilonis desviaren les aigües mitjançant dics i immensos canals d'irrigació. Els canals travessaven tot el país i transformaren la vall erma en un jardí fecund. Aquesta obra, una de les primeres d'enginyeria de la història, donà collites abundants com mai abans s'havien vist.

Afortunadament, Babilònia fou governada per successives dinasties de reis que, tot i embarcar-se de tant en tant en guerres, es dedicaren principalment a mantenir la prosperitat interior. Les seves guerres eren locals o defensives, contra conquistadors ambiciosos que n'envejaven els tresors. Els governants babilonis passaren a la història per la seva saviesa, l'audàcia i el sentit de la justícia. Babilònia no fou mai una monarquia orgullosa i expansionista, sinó una ciutat que preferí cultivar la seva pròpia grandesa.

Babilònia ja no existeix com a ciutat. Quan les forces humanes que l'havien construït i mantingut desaparegueren, Babilònia es convertí ràpidament en una ruïna. Estava situada a l'Àsia, a uns mil quilòmetres del canal de Suez, al nord del golf Pèrsic, en una latitud semblant a la de Yuma (Arizona), i tenia un clima igualment càlid i sec.

La vall de l'Eufrates, que havia estat un ric i poblat territori agrícola, és avui una plana àrida batuda pel vent, on només creixen herbes escadusseres i matolls de desert. Els camps fèrtils, les grans ciutats i les caravanes de comerciants han desaparegut. Des de fa segles, només les tribus nòmades àrabs habiten la vall, i viuen de petits ramats.

Durant molt de temps, el paisatge tan sols estava cobert de turons, però els fragments de ceràmica i maons gastats per la pluja van cridar l'atenció dels arqueòlegs, i aviat es descobrí que aquells turons eren antigues ciutats; els podríem anomenar «tombes de ciutats». Babilònia n'era una d'elles. El desert n'havia cobert les muralles amb pols durant vint segles. Els maons s'havien desintegrat i havien retornat a la terra. Avui, la rica ciutat de Babilònia no és més que un monticle de sorra i runa. Ningú en recordava el nom fins que els arqueòlegs, en treure les capes acumulades durant segles, van descobrir-ne els carrers, temples i palaus.

Alguns estudiosos consideren la civilització babilònica –i la de les altres ciutats de la vall– com la més antiga de totes. Hi ha restes que es remunten a vuit mil anys. Entre les ruïnes es trobaren registres d'un eclipsi solar; els astrònoms moderns van poder-ne calcular la data i establir així la correspondència entre el seu calendari i el nostre.

D'aquesta manera es pogué calcular també que, fa vuit mil anys, els sumeris que vivien a Babilònia ja habitaven en ciutats fortificades, tot i que desconeixem des de quan existien aquelles ciutats. Els habitants no eren bàrbars tancats rere muralles protectores, sinó gent culta i hàbil: allà, remuntant-nos al passat de la història escrita, sembla que sorgiren els primers enginyers, astrònoms, matemàtics, comerciants i el primer poble amb una llengua escrita.

Els canals d'irrigació de Babilònia, que convertiren l'erma vall en un jardí cultivat, encara són visibles avui, tot i que la majoria estan plens de sorra. Alguns eren tan amples que quan anaven buits, hi podia galopar una dotzena de cavalls, uns al costat dels altres.

A més de regar la terra, els enginyers babilonis dugueren a cap un altre projecte igualment enorme: recuperar una immensa regió pantanosa a la desembocadura de l'Eufrates mitjançant un sistema de drenatge per tal de fer-la cultivable.

Heròdot, l'historiador i viatger grec, visità Babilònia en el seu apogeu i en deixà l'única descripció estrangera de què tenim constància. Parlà de la fertilitat de la terra, de les abundants collites de blat i ordi, i dels curiosos costums dels seus habitants.

La glòria de Babilònia s'ha apagat, però la seva saviesa s'ha conservat. En lloc de paper, els babilonis escrivien en tauletes d'argila humida que després coïen perquè s'endurissin. Mesuraven uns quinze per vint centímetres, i de gruix en feien dos, aproximadament.

En aquestes tauletes –el primer suport d'escriptura que tenia una llarga durada– s'hi gravaven llegendes, poemes, històries, decrets, lleis, contractes, títols de propietat, bitllets, rebuts i inclús cartes que s'enviaven a ciutats llunyanes tot fent ús de missatgers.

Així que, gràcies a aquestes tauletes, coneixem els detalls de la vida quotidiana. En una que segurament provenia dels arxius del país, un client explica que intercanvia una vaca per set sacs de blat, tres entregats immediatament i quatre «quan li sigui convenient al client». Els arqueòlegs van recuperar biblioteques senceres d'aquestes tauletes, centenars de milers que havien quedat protegides pels enderrocs de les ciutats.

Les immenses muralles que envoltaven la ciutat constituïen una de les extraordinàries meravelles de Babilònia. Els antics les consideraven comparables a les piràmides d'Egipte i les situaven entre les set meravelles del món. El mèrit de la construcció de les primeres muralles s'atribueix a la reina Semiramis, però els arqueòlegs moderns no han trobat vestigis d'aquestes primeres construccions ni han lograt establir-ne l'alçada exacta. Segons els escrits dels antics, es calcula que mesuraven entre cinquanta i seixanta peus a la part exterior, que eren fetes de maons cuits i, a més, estaven protegides per un profund fossat d'aigua.

Les muralles més recents i cèlebres foren construïdes uns 600 anys abans de Crist pel rei Nabopolassar, que projectà una construcció tan colossal que ell mateix no visqué prou per veure l'obra acabada. Va ser el seu fill Nabucodonosor –el nom del qual apareix a la Bíblia– qui les acabà. L'alçada i la longitud d'aquestes muralles més recents ens deixen atònits. Una autoritat digna de confiança informà que devien tenir uns cinquanta-dos metres, és a dir, l'alçada d'un edifici modern de quinze plantes. S'estima que la longitud total era d'entre quinze i disset quilòmetres, i l'amplada era tal que a la part superior podia córrer un carro estirat per sis cavalls. No queda pràcticament res d'aquesta formidable estructura excepte una part dels fonaments i el fossat. A més dels danys que hi ha causat la natura, els àrabs es van endur els maons per construir en altres llocs.

Un rere l'altre, els exèrcits victoriosos de gairebé tots els conqueridors del període de guerres invasores s'enfrontaren a les muralles de Babilònia. Una multitud de reis va assetjar Babilònia, però tot fou en va. Els exèrcits invasors d'aquells temps no eren menyspreables, i els historiadors parlen de forces de 10.000 cavallers, 25.000 carros i 1.200 regiments de soldats d'infanteria de 1.000 homes cadascun. Sovint necessitaven dos o tres anys de preparació per reunir el material de guerra i els dipòsits de vitualles al llarg de la línia de marxa prevista.

La ciutat de Babilònia estava organitzada gairebé com una ciutat moderna. Hi havia carrers i botigues, venedors ambulants que oferien les seves mercaderies als barris residencials, sacerdots que oficiaven en temples magnífics. Un mur aïllava els palaus reials a l'interior de la ciutat, i diuen que aquelles muralles eren més altes que les de la ciutat.

Els babilonis eren artesans hàbils que treballaven l'escultura, la pintura, el teixit i l'or, i fabricaven armes de metall i maquinària agrícola. Els joiers creaven peces d'un gust exquisit, i en museus d'arreu del món s'exposen algunes mostres recuperades de tombes de ciutadans rics.

En una època molt llunyana, quan la resta del món tallava arbres amb destrals de pedra o caçava i lluitava amb llances i fletxes elaborades amb punta de pedra, els babilonis ja usaven destrals, llances i fletxes de metall. Eren financers i comerciants intel·ligents. Segons el que sabem, foren els inventors dels diners com a moneda de canvi, dels bitllets i dels títols de propietat escrits.

Babilònia no fou conquerida pels seus enemics fins prop de l'any 540 abans de Crist. Però ni tan sols aleshores se'n prengueren les muralles; la història de la caiguda de Babilònia és d'allò més extraordinària. Cir, un dels grans conqueridors de l'època, pretenia atacar la ciutat i prendre'n les inexpugnables muralles. Els consellers de Nabònid, rei de Babilònia, el persuadiren perquè sortís a enfrontar Cir i lliurés batalla sense esperar que la ciutat fos assetjada. L'exèrcit babiloni, després d'unes quantes derrotes consecutives, s'allunyà de la ciutat. Cir va entrar per les portes obertes de la ciutat, que no hi oposà resistència.

El poder i el prestigi de Babilònia van anar decaient gradualment fins que, al cap d'uns segles, la ciutat fou abandonada, deixada a mercè dels vents i de les tempestes, que la retornaren al desert sobre el qual s'havia alçat en el seu origen. Babilònia havia caigut per no tornar-se a aixecar mai més, però devem moltes coses a la seva civilització.

Els segles han reduït a pols les orgulloses parets dels seus temples, però la seva saviesa encara perdura.

Índex

GEORGE S. CLASON

El hombre
MÁS RICO
de Babilonia

Cómo **alcanzar el éxito** y solucionar
tus problemas financieros

77.ª edición

EDICIONES OBELISCO

EDICIÓ CARTONÉ EN CASTELLÀ
GEORGE S. CLASON
EL HOMBRE MÁS RICO DE BABILONIA
CÓMO ALCANZAR EL ÉXITO Y SOLUCIONAR TUS PROBLEMAS FINANCIEROS
12.ª edición
EDICIONES OBELISCO